STORIA FACILE (BIENNIO)

Dalla preistoria alla caduta dell'Impero Romano

attraverso schemi, schede e mappe concettuali

a cura di *Pierre 2020*

© tutti i diritti sono riservati

INDICE

PRIMA SEZIONE
DALLE ORIGINI AD ALESSANDRO MAGNO

PRIMA PARTE – INTRODUZIONE ALLA STORIA. LE ETÀ DELLA PREISTORIA
1. La storia e le sue fonti — 07
2. La preistoria — 11

SECONDA PARTE - LE GRANDI CIVILTA' ANTICHE
3. Le civiltà mesopotamiche — 18
4. Civiltà egizia — 27
5. Fenici — 34
6. La civiltà ebraica — 36
7. Medi e Persiani — 39

TERZA PARTE - IL MONDO GRECO
8. Gli antichi abitanti della Grecia. — 46
Creta. Gli achei. Dori e ionici. Sparta. Atene. Le colonie greche.
9. Le guerre persiane — 69
Prima guerra persiana. Temistocle e la nuova politica ateniese. Seconda guerra persiana.
10. Il periodo classico — 76
Le egemonie ateniese, spartana, tebana. Caduta di Sparta e il breve periodo tebano
11. L'ascesa della Macedonia e l'impero di Alessandro Magno. — 85
L'egemonia macedone e il rapporto con il mondo greco. Alessandro Magno, la creazione dell'impero "universale". L'eredità di Alessandro.
12. L'ellenismo — 93

SECONDA SEZIONE
IL MONDO ROMANO, DALLE ORIGINI ALLA CADUTA DELL'IMPERO D'OCCIDENTE

1. L'ITALIA ANTICA 98
1.1 Dalla preistoria alle popolazioni preromane 100
1.2 Etruschi 105
1.3 Sanniti 112
1.4 La Magna Grecia 114

2. LA NASCITA DI ROMA 118
2.1 Roma monarchica 122
2.2 La società romana e il "periodo etrusco" 124
2.3 I sette re di Roma secondo la tradizione 125

3. ROMA REPUBBLICANA 126
3.1 Le fasi della repubblica romana 132
3.2 Istituzioni repubblicane 133
3.3 Conflitto con Etruschi e Galli 135
3.4 La conquista della penisola e i patti italici 136

4. LA CONQUISTA DEL MEDITERRANEO 137
4.1 Prima e seconda guerra punica, espansione ad Oriente 140
4.3 Terza guerra cartaginese. La fine della città 143
4.4 Organizzazione del potere in Italia e nelle province del mediterraneo 143

5. CRISI DELLA REPUBBLICA 145
5.1 Conflitto sociale, i Gracchi e la riforma dell'esercito 153
5.2 Conflitto tra Mario e Silla 154
5.3 Il Triumvirato e fine della Repubblica 156
5.4 Il conflitto Cesare e Pompeo 157

5.5 La dittatura di Cesare   158

6. LA NASCITA DELL'IMPERO   **161**
6.1 Conflitto interno e pax augustea   164
6.2 Organizzazione dello Stato   165
6.3 La dinastia Giulio-Claudia   166
6.4 Cultura religione e società del primo secolo   169
6.5 Tecnologia e politica, le chiavi del successo romano   171

7. IL CULMINE DELL'IMPERO   **174**
7.1 La dinastia dei Flavi   177
7.2 Traiano e le adozioni imperiali   178
7.3 Gli Antonini   179

8. IL DECLINO DELL'IMPERO   **181**
8.1 Cultura, religione, economia e società nel II e III secolo   185
8.2 La decadenza del terzo secolo   186
8.3 I Severi   187
8.4 L'anarchia militare e le invasioni barbariche   188

9. LA DIVISIONE TRA ORIENTE E OCCIDENTE   **190**
9.1 Le riforme di Diocleziano   194
9.2 Costantino e il cristianesimo di Stato   196
9.3 Organizzazione e diffusione del cristianesimo   197

10 LA CADUTA DELL'IMPERO   **198**
10.1 Da Costantino a Teodosio   200
10.2 Visigoti, Goti e il sacco di Roma   201
10.3 Gli Unni di Attila   202
10.4 La caduta dell'Impero romano d'Occidente   204

PRIMA SEZIONE
DALLE ORIGINI AD ALESSANDRO MAGNO

PRIMA PARTE
INTRODUZIONE ALLA STORIA. LE ETÀ DELLA PREISTORIA

1. La storia e le sue fonti

Il termine "storia" deriva dal greco "historìa", ovvero "indagine", "ricerca". La Storia individua e tratta avvenimenti reali, accertati con un metodo scientifico e fonti storiche, nel tentativo di collocarli temporalmente e geograficamente e capirne le cause e gli effetti.

Le fonti di cui si serve la Storia per studiare i fatti reali possono essere divise in **fonti materiali** e **fonti immateriali**.

- **Le fonti materiali** possono essere **scritte** e **non scritte**: le fonti scritte sono documenti, testi, epigrafi, lettere; le fonti non scritte sono, invece, resti archeologici, utensili, statue, dipinti e altre opere d'arte.
- **Le fonti immateriali** comprendono, invece, le tradizioni, i racconti orali, le musiche popolari.

Le fonti storiche possono distinguersi in **fonti primarie** e **fonti secondarie**: le prime sono dette così perché risalgono alla stessa epoca dei fatti avvenuti e spesso sono più attendibili, mentre le seconde sono datate successivamente e non sempre sono corrette. È fondamentale che gli storici si accertino della validità delle fonti storiche, preferibilmente mettendo a confronto delle versioni diverse dello stesso avvenimento, in modo da individuare coerenze e discrepanze.

Infine distinguiamo anche tra **fonti involontarie** e **fonti volontarie**. Le fonti non scritte sono involontarie perché non hanno la pretesa di supportare i fatti storici; le fonti scritte, invece, sono state create per essere tramandate, per queste sono dette "volontarie" e spesso potrebbero anche essere falsate, come nel caso dei **testi elogiativi**, dove le gesta di un personaggio (il re, un cavaliere, un tiranno eccetera) sono esaltate solo nei loro aspetti positivi, tralasciando così tutti gli avvenimenti "bui" e le gesta negative del protagonista dell'opera.

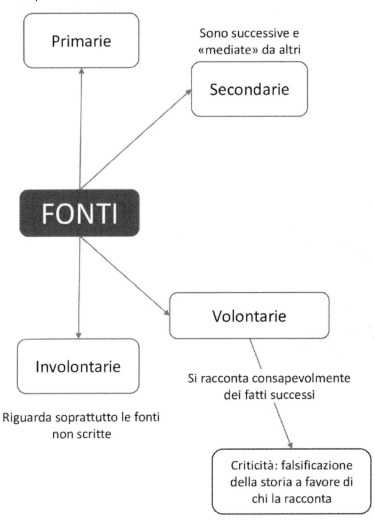

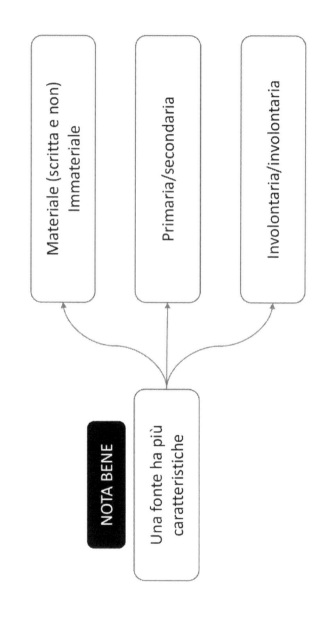

2. La preistoria

2.1 In generale

Il termine "preistoria" vuol dire "prima della storia". Convenzionalmente, infatti, la **Storia** nasce nel momento in cui fu inventata la **scrittura**. Se la storia viene documentata soprattutto grazie alle fonti scritte, per poter conoscere e comprendere la preistoria abbiamo avuto bisogno di studiare e analizzare i fossili di animali (anche i dinosauri) e i reperti archeologici.

Il periodo preistorico è durato diversi miliardi di anni. Le prime forme di vita sulla terra, ovvero alghe e batteri, comparvero già 3 miliardi di anni fa; nel corso del tempo si sono evolute in specie vegetali e animali.

La specie umana deriva dai **primati**, una specie di mammiferi di cui fanno parte anche le scimmie. Il processo di **ominazione** iniziò circa 15 milioni di anni fa dopo la scomparsa di un gruppo di scimmie **antropomorfe**, cioè la cui anatomia è molto simile a quella dell'uomo. La vera e propria "scissione" tra uomo e scimmia avvenne però circa 5 milioni di anni fa, quando, in Africa, comparvero degli esemplari di scimmie **antropoidi** i cui immediati successori sono stati definiti, dagli studiosi, **ominidi**.

L'evoluzione dell'uomo si compone, quindi, dei seguenti momenti fondamentali:
- 4 milioni di anni fa, la comparsa dell'**Australopiteco**: una scimmia chiamata così perché i primi resti sono stati ritrovati nell'Emisfero Australe. Gli Australopitechi erano alti circa un metro ed erano in grado di camminare sui due arti inferiori e sfruttare così gli arti superiori per altri scopi, come cacciare o difendersi, usando strumenti rudimentali come osso e pietra.

- 2 milioni di anni fa, la comparsa dell'**Homo Abilis**: il primo esemplare a essere dotato di **pollice opponibile** ed essere così capace di afferrare, maneggiare ma anche creare degli oggetti. I primi strumenti creati dall'Homo Abilis furono i **chopper**, ovvero delle pietre scheggiate da un lato, utili per tagliare e spellare animali. Questa specie si riuniva in gruppi composti da diversi membri, elaborando così quindi un linguaggio per poter comunicare.

- 1,8 e 1,5 milioni di anni fa, la comparsa dell'**Homo Erectus**. L'Homo Erectus viene chiamato così poiché in grado di camminare sugli atti inferiori. Fabbricava degli strumenti più evoluti come amigdala, o bifacciale perché tagliente da entrambi i lati, iniziò a costruire dei ripari non usando più così le grotte e iniziò a vestirsi di pellicce degli animali uccisi. Inoltre sapeva usare il fuoco anche se non accenderlo.

- 200.000 o 300.000 anni fa, la comparsa dell'**Homo Sapiens**. Il più celebre Homo Sapiens è il cosiddetto **uomo di Neanderthal**, da Neander, fiume in Germania nei pressi dei quali furono ritrovati i primi resti di questa specie. L'uomo di Neanderthal sapeva costruire capanne in legno, strumenti di pietra, accendere il fuoco e, inoltre, praticava dei veri e propri riti funebri per i morti. L'uomo di Neanderthal si è estinto 40.000 anni fa: la specie successiva viene chiamata **Homo Sapiens Sapiens**. il più celebre e l'uomo di Cro-Magnon, dal nome del territorio In Francia dove furono trovati i reperti. L'uomo di Cro-Magnon visse 30.000 anni fa ed era in grado di fabbricare punte di freccia, scalpelli detti bulini, armi e tessuti.

2.2 Le età della preistoria.

La preistoria viene definita anche "età della pietra", poiché questo elemento era fondamentale per le attività umane ed è stato il primo con cui gli esseri umani hanno potuto creare strumenti o fabbricarsi dei ripari. L'età della pietra è divisa in Paleolitico, anche detto "età della pietra antica"; Mesolitico "età della pietra di mezzo" e "Neolitico "età della pietra nuova".

Il **Paleolitico** iniziò circa 2 milioni di anni fa e durò fino al 10.000 a.C. Durante questo periodo l'uomo viveva in comunità nomadi di cacciatori-raccoglitori, si riparavano principalmente nelle cavità naturali. Durante i secoli, l'uomo iniziò a padroneggiare il fuoco, prima riuscendo a conservarlo, poi imparando anche come accenderlo. All'interno delle grotte sono state ritrovate una serie di decorazioni (dette "pitture rupestri"), raffiguranti scene di caccia, animali – anche estinti al giorno d'oggi - che risalgono a 30.000-10.000 anni fa. Le più importanti sono le grotte di Lascaux in Francia e di Altamira in Spagna. In Italia, invece, uno spettacolare esempio di pittura e incisioni rupestri si possono trovare in Val Camonica, nella zona lombarda. Inoltre, l'uomo paleolitico praticava anche la scultura: celebri sono le statuette delle Veneri preistoriche, come la Venere di Willendorf, la cui caratteristica era di avere pancia, seni e fianchi molto evidenziati, per celebrare e propiziare la fertilità (non solo delle donne, ma anche del terreno).

Durante il Paleolitico si susseguirono **quattro ere glaciali**. La temperatura della terra si abbassò causando un grosso aumento dei ghiacciai e modificando flora e fauna. L'ultima glaciazione, detta di Wurn, iniziò 80.000 anni fa e terminò 10.000 anni fa. Alla fine dell'evento, il territorio cambiò moltissimo e si diffusero boschi e zone molto ricche di vegetazione in Europa, Asia e Nord America, mentre le zone centrali, come Africa e centro Asia, divennero secche e nacquero così i deserti. Scomparvero gli animali più grandi (come il mammut o gli orsi delle caverne), mentre quelli che vivevano in clima freddi migrarono verso nord (come la renna). Si diffusero i cinghiali, i caprioli e i cervi. Durante questo periodo, il Mesolitico, l'uomo concepì armi per la caccia a lunga distanza, come l'arco, e iniziò a praticare attività come la pesca, oltre a stabilirsi in capanne costruite con il legno.

La rivoluzione agricola. Dall'8.000 a.C. la vita umana cambiò nuovamente: si cominciò a praticare l'agricoltura (si parla infatti di "rivoluzione agricola" in merito al fatto che l'agricoltura rimase la prima fondamentale economia fino al Settecento). Con l'avvento dell'agricoltura, terminò anche il nomadismo e l'uomo si stabilì definitivamente in territori e comunità, iniziando a costruire delle abitazioni più durevoli. La produzione agricola riguardò anche i cereali e furono inventati anche degli strumenti con cui praticare la tessitura e creare oggetti in ceramica. Si sviluppò, inoltre, l'allevamento: i primi animali ad essere allevati furono capre e pecore, poi l'uomo allevò anche asini e buoi e maiali. Dagli animali l'uomo ricavava lana, latte, carne, e sfruttava la forza di asini e buoi per usare l'aratro, uno strumento di lavoro inventato per arare il terreno. Infine si costruiscono le imbarcazioni, come le canoe e le piroghe, per permettere all'uomo di attraversare i corsi d'acqua; tra le invenzioni più importanti e celebri del momento troviamo anche la ruota, che consentì così di portare le merci con i carri in giro per le regioni.

Il periodo storico dopo il Neolitico prende il nome di Età dei metalli: dapprima si modellava il rame, poi il bronzo (una lega di rame e stagno) e infine il ferro. In questo periodo nascono le prime città, in cui gli uomini si raccolgono in strutture sociali patriarcali. Ci si divide il lavoro e ci si specializza nella caccia, nella pesca, nell'agricoltura e nella pastorizia.

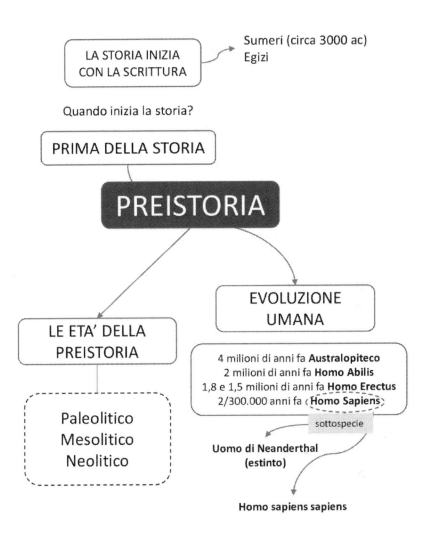

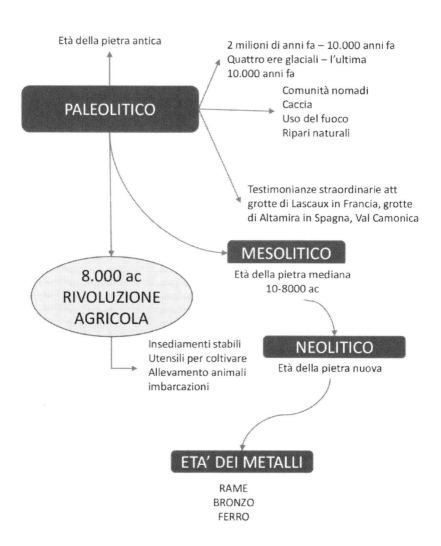

SECONDA PARTE

LE GRANDI CIVILTA' ANTICHE

3. Le civiltà mesopotamiche

TERRITORIO E STORIA.
Il termine Mesopotamia significa "terra in mezzo ai fiumi", e si riferisce a quel territorio nell'Asia Minore racchiuso tra i due fiumi Tigri ed Eufrate, la parte centrale della Mezzaluna Fertile. In questa zona si diffuse, appena dopo il Mesolitico, un cereale selvatico a coltivazione spontanea, per cui molti uomini si stanziarono lì e realizzarono falci, macine e silos per tagliare, tritare e conservare questo antenato del grano. Gli uomini iniziarono, inoltre, a controllare le acque deviando il corso dei fiumi per irrigare i campi e portare l'acqua al centro dei villaggi. Le "città" vere e proprie nacquero attorno al 4000 a.C. e si differenziarono dai villaggi per la presenza di centri aggregativi e strutture per la vita privata. In città si raggrupparono e concentrarono commercio e attività artigianali; alla periferia e ai villaggi di campagna era invece dato il compito di occuparsi di agricoltura e allevamento, in uno scambio di prodotti e servizi tra i due centri.

PERIODO SUMERICO-ACCADICO.
Il primo popolo ad abitare la Mesopotamia furono i Sumeri. Essi si stabilirono nel 4000 a.C. nella zona compresa tra le foci di Tigri ed Eufrate, quella chiamata la "Terra di Sumer". Con questo popolo finisce definitivamente la preistoria e inizia la storia: i Sumeri, infatti, inventarono la scrittura verso il 3000 a.C. e fondarono le prime città murate, organizzandosi in una serie di città-Stato, delle quali la più importante e sviluppata fu Uruk, che arrivò a ospitare circa 50.000 abitanti. Le altre città sumeriche famose furono Ur, Lagash, Nippur e Umma. Nelle città sumeriche il re era anche sacerdote e abitava nella **ziggurat** (o ziqqurat), il tempio-palazzo, dove nei piani superiori si trovavano la cella di preghiera, le sale di rappresentanza e gli appartamenti privati del

sovrano, mentre nei piani inferiori si tenevano attività commerciali e di conservazione dei raccolti nei magazzini. Con il tempo il potere temporale e quello religioso si separarono, ma il re rimase comunque rappresentante degli dei sulla terra, benché delle funzioni religiose si occupasse un'altra figura autoritaria.

I Sumeri svilupparono molto agricoltura e commercio, producendo orzo e grano, coltivando la palma da dattero, ma anche lavorando metalli (soprattutto rame), legname e pietre preziose. Inoltre inventarono il mattone crudo: con argilla e paglia, seccando il composto in una forma, riuscivano a ottenere materiale da costruzione con il quale edificarono abitazioni più solide e confortevoli.

L'invenzione della scrittura da parte dei Sumeri avvenne, probabilmente, per necessità amministrative delle città-Stato, che dovevano registrare il trasporto e lo scambio delle merci. I segni inventati dai Sumeri furono indispensabili anche per tramandare racconti, letteratura e conoscenze scientifiche; la forma dei segni utilizzati viene oggi definita **cuneiforme**, dal latino "cuneus", ovvero "chiodo", e veniva apposta su tavolette d'argilla (di cui sono stati trovati circa ventimila esemplari).

Pian piano i Sumeri vennero sottomessi da un'altra popolazione nomade di stirpe semitica che per anni aveva abitato la regione dell'**Akkad** (attuale Baghdad). Gli Accadi avevano inizialmente stretto rapporti commerciali con i Sumeri, poi ne avevano acquisito usi e costumi, tanto da prenderne il sopravvento nel 2350 a.C. circa. Il primo re degli Accadi fu Sargon, ancora oggi figura leggendaria per le sue conquiste. Il regno degli Accadi, comunque, durò poco: cadde già nel 2200 a.C. a causa delle incursioni di una popolazione chiamata **Gutei**, la quale però fu presto sconfitta dai Sumeri. Iniziò così il regno **neosumerico**, di cui uno dei personaggi più ricordati è **Gudea di Lagash** che, secondo la tradizione, fece erigere un grande tempio dedicato agli dei. Tuttavia, già nel 2000 a.C. la regione è invasa dagli **Amorrei**. L'unione tra Sumeri e Amorrei dà vita ai Babilonesi.

Primo impero babilonese.

Babilonia era il nome della capitale sul fiume Eufrate e significava "Porta del Dio", benché sia famosa anche come **Babele**, nome ebraico. La città era murata e al suo interno era stata costruita una ziqqurat di sette piani, alta circa 100 metri, chiamata Esagila, dedicata al dio Marduk, promotore del caos primordiale.

Il massimo splendore dell'impero babilonese si ebbe durante il regno di Hammurabi, tra il 1790 e il 1750 a.C.; il re, oltre a conquistare diverse città e territori, introdusse la prima, grande raccolta di leggi, chiamato **Codice di Hammurabi**, che presentava una serie di casistiche e le loro sentenze, a far da esempio per il cittadino. Il codice fu tramandato in forma scritta ed è giunto fino ai nostri giorni. Sotto il regno di Hammurabi si svilupparono commercio e artigianato, ma ai Babilonesi dobbiamo anche tante di quelle cose che adesso diamo quasi per scontato: essi infatti progredirono enormemente nelle conoscenze scientifiche e definirono le dodici costellazioni dello zodiaco, la divisione del giorno in 12 ore a partire dalla mezzanotte e della settimana in sette giorni, del mese in trenta giorni e dell'anno in 12 mesi. Inoltre divisero il cerchio in 360° e studiarono attentamente Luna e pianeti vicini al Sole.

Periodo cassita.

La fine della civiltà babilonese avvenne con le invasioni dei Cassiti e degli Hurriti, a partire dalla metà del XVIII secolo a.C. Queste popolazioni presero il sopravvento sui Babilonesi dopo la morte di Hammurabi. Usavano il cavallo, un animale noto ai Babilonesi ma non usato per la guerra, e occuparono via via sempre più territori fino a insediarsi in tutta la bassa Mesopotamia.

Periodo Assiro.
Gli Assiri prendono il nome dalla prima capitale dell'impero, Assur. Si tratta di un popolo di nomadi semiti che, approfittando dell'indebolimento della stirpe Hittita (presente in Anatolia dal 2300 a.C. e in declino dopo lo scontro con l'Egitto e la battaglia di Qadesh del 1275 a.C.), si impadroniscono di territori e armi e riescono così a possedere un esercito molto potente. Gli Assiri crescono molto in numero e in potenza, tanto che l'ultimo re assiro, Assurbanipal (670-630 a.C.) riesce a sconfiggere e sottomettere l'Alto Egitto.

Secondo impero babilonese.
Dopo un periodo molto lungo di dominazione assira, i Babilonesi iniziano a ribellarsi e ad attuare guerre contro il popolo dominante. Dopo una lunga battaglia riescono a distruggere completamente Ninive, la nuova capitale del regno assiro. Tuttavia, il secondo impero babilonese dura appena pochi anni, sotto la guida di Nabucodonosor II (604-562 a.C.), poiché nel 539 a.C. Babilonia viene conquistata dai persiani e dal loro re, Ciro.

Ittiti
Il territorio. La storia. La civiltà. Organizzazione politica. Organizzazione sociale. Economia. Scrittura. Cultura. Religione.
Gli Ittiti era un popolo che probabilmente proveniva dalla Russia meridionale, benché non esistano prove certe su questa migrazione, a parte la diffusione di varie lingue derivanti tutti da un unico ceppo, poi definito "indoeuropeo". Il nome **Ittiti** è di derivazione biblica; la popolazione prese il sopravvento sulle altre grazie alla sua superiorità militare, in particolare grazie

all'uso del cavallo e del carro da combattimento. Gli Ittiti sono noti in particolare per la loro capacità di lavorare il ferro e, soprattutto, perché furono i primi a trasformare il ferro in acciaio.

I primi territori ittiti erano principalmente piccole città-Stato ma, successivamente, si organizzarono per fondare un unico, grande regno unitario. Alcuni tra i personaggi più importanti per le campagne di conquista ittite furono Hattushili e Murshili; il primo fondò la nuova capitale Hattusha (di cui si conservano ancora le rovine vicino Ankara), mentre il secondo saccheggiò e prese possesso di Babilonia. Dopo queste conquiste, tuttavia, il regno ittita visse un periodo di declino a causa di guerre di successione interne. Alla fine, solo nel 1500 a.C., il re ittita Telipinu riuscì a insediarsi su un trono stabile e a consolidare lo stato. Il regno arrivò al suo massimo splendore sotto Shuppiluliuma, nel XIV secolo a.C., che riuscì a conquistare i territori della Siria settentrionale. Temendo di poter subire attacchi, il faraone Ramses II scese in battaglia contro il re ittita Muwatalli nel 1275 a.C. a Qadesh. Le fonti indicano una vittoria per gli Egizi, ma in realtà l'esito dello scontro risulta incerto: si sa, comunque, che fu stipulato un trattato di pace in entrambe le lingue, che pose fine allo scontro. Tuttavia, appena pochi anni dopo, gli Ittiti furono invasi e annientati da diverse popolazioni provenienti dal mar Mediterraneo e dal mar Egeo e la dinastia ittita vide così la fine.

Gli Ittiti avevano ereditato molto dai popoli mesopotamici, ma presentavano anche delle caratteristiche innovative: per esempio, pur avendo un codice simile a quello di Hammurabi, non prevedevano il taglione ma il pagamento in denaro per le pene. Inoltre, il re degli Ittiti era eletto dalla **pankus**, un'assemblea di uomini liberi, e il concetto di sovrano era molto meno legato a quello di divinità. Essendo, inoltre, un popolo molto dedito alla guerra e progredito in senso bellico, esisteva anche, nella società, una vera e propria classe di **guerrieri**, chiamati **maryannu** ("giovani combattenti"), parte della classe dirigente dello stato assieme a scribi, sacerdoti e mercanti. Per quanto riguarda la religione, gli Ittiti veneravano una folta schiera di divinità, ma la religione non era punto focale del popolo, tanto da non avere alcun tipo di influenza sulla vita politica.

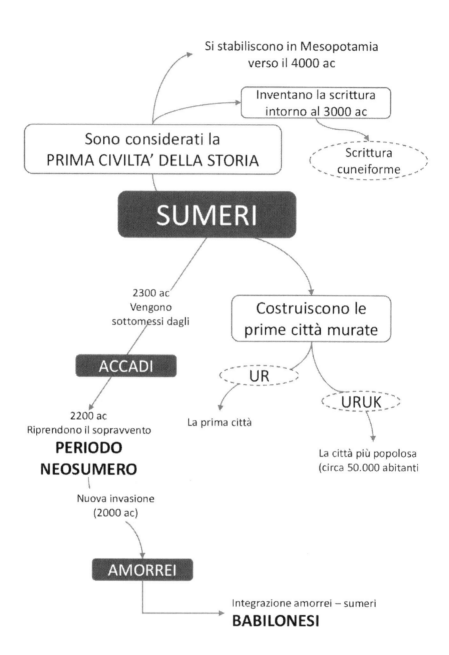

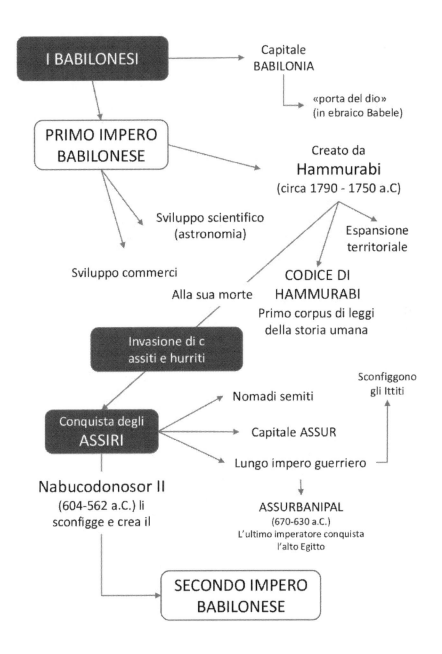

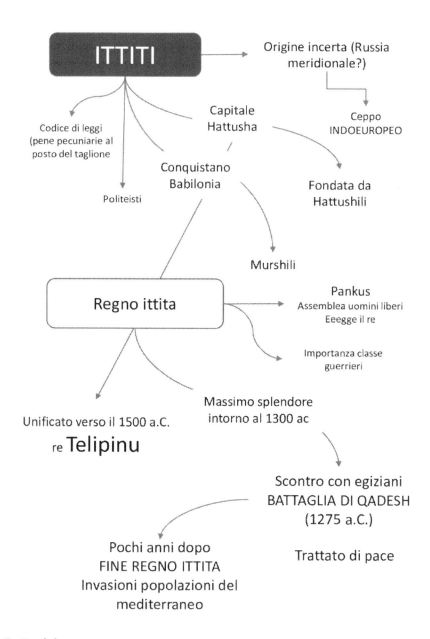

5. Fenici

4. Civiltà egizia

Territorio e storia. I tre regni e le loro caratteristiche: Regno antico, Regno medio, Regno nuovo. Epoca bassa (663 – 525 A.C.). La civiltà egizia poteva contare su un territorio molto fertile sotto molti punti di vista. Il fiume Nilo nasce dai laghi del centro Africa e si allunga per più di 6000 chilometri, attraversando due deserti per arrivare al Mediterraneo. Se il Tigri e l'Eufrate erano fiumi dalle frequenti piene violente (vedi civiltà mesopotamiche), le inondazioni del Nilo erano invece controllabili e avevano il pregio di rendere le rive molto fertili. Il Nilo straripava ogni anno oltre gli argini e così depositava uno strato di limo. Inoltre, il fiume era un grosso facilitatore dei commerci, perché era navigabile anche in piena.

L'Egitto si organizza inizialmente in due regni, il Basso Egitto a nord, e l'Alto Egitto a sud.

Solo nel 3100 a.C. i regni si uniscono e la capitale viene stabilita a Tinis: inizia l'epoca protodinastica, con Narmer come primo **faraone**, ovvero "colui che abita nella grande casa". Nel 2700 a.C. inizia il "**Regno Antico**" (2700-2200 a.C.) con capitale Menfi. Durante il Regno Antico furono costruite le **piramidi**, nate inizialmente come monumento sepolcrale, diventate un vero e proprio simbolo dell'Egitto. La più antica piramide è quella di **Djoser** e fu costruita nel 2650 a.C.: era un tipo di piramide a **gradoni**, ispirata alle ziqqurat sumere; si trovava a **Saqqara** e fu progettata dall'architetto **Imhotep**. Le tre grandi piramidi di **Giza**, vicino Il Cairo, furono invece costruite durante la IV dinastia dei faraoni Cheope, Chefren e Micerino. Accanto alle piramidi Chefren fece innalzare la **Sfinge**. Dal 2200 a.C. l'Egitto iniziò a vivere un periodo di forte instabilità e i governatori locali ne approfittarono per prendersi una parte del potere. Alla fine dell'Antico Regno lo Stato si disgregò.

Il **Medio Regno** ebbe inizio solo verso il 2050 a.C. grazie ai faraoni della XI dinastia. Questi si concentrarono principalmente nelle attività di conquista di tutti quei territori africani che potevano offrire materie preziose, come oro, avorio, metalli, legno. Il faraone **Sesostri III**, in particolare, riuscì a conquistare la Nubia, la Siria e la Palestina, raggiungendo l'odierna Somalia. Questa forte espansione egizia vide la sua fine nel 1750 a.C., quando gli **Hyksos**, delle tribù nomadi dell'Asia, invasero i territori egizi e stabilirono la propria capitale ad Avaris, facendo perdere la stabilità politica egizia. Così l'Egitto si trovò diviso in tre stati distinti: uno stato del Nord, sotto il dominio degli Hyksos; uno stato del sud, dal governo dei faraoni; infine, lo stato centrale della Nubia, tornato sotto i suoi governatori originari.

Il Regno egizio si riunificò nel 1550 a.C. quando gli Hyksos furono scacciati dal re Kamose di Tebe. Da questo momento inizia la fase detta "**Regno nuovo**": il successore, Ahmose, inizia la XVIII dinastia dei faraoni egizi. La capitale fu portata a Tebe (l'odierna Luxor) e la reggia costruita accanto al tempio del dio Amon. È sotto questa dinastia che nacque la **Valle dei Re**, una serie di tombe ipogee in luogo delle piramidi, non più costruite. Sotto il faraone **Amenhotep IV**, al potere dal 1350 a.C., venne fondato il culto di Aton, una religione monoteista, con l'obiettivo di contrastare il forte potere che aveva ottenuto la classe sacerdotale. Per quasi tre secoli l'Egitto è la potenza mondiale maggiore. Il declino del regno inizia a causa degli attacchi dei "popoli del mare", inizialmente respinti dal faraone Ramses III, poi dagli Assiri che riescono a conquistare Tebe nel 670 a.C. Così, nel 525 a.C., durante la cosiddetta **Epoca bassa**, l'Egitto è totalmente sgretolato e diventa una provincia del forte Impero persiano.

Organizzazione politico-sociale ed economica. Scrittura. Cultura e religione.

La società del popolo egiziano era organizzata seguendo un sistema di classi piramidale. Nel punto più alto c'è il faraone, considerato non solo capo politico e militare, ma anche un dio, figlio del Sole. In secondo luogo ci sono i sacerdoti e il visir, ovvero il capo dell'amministrazione statale. Appena dopo questa classe, si trovavano i militari (soldati contadini o soldati mercenari, sottoposti agli ufficiali), poi i contadini (sfruttati anche per la costruzione dei templi e per scavare i canali). Al gradino più basso si trovavano, invece, gli schiavi, tendenzialmente dei prigionieri di guerra o degli stranieri catturati e poi venduti al mercato.

Gli Egizi erano politeisti. Veneravano una serie di elementi naturali divinizzati, come il dio Sole. Altri dei avevano la forma di animali o erano semi-antropizzati, come Anubi, il dio-sciacallo dell'imbalsamazione; infatti, gli Egizi credevano fermamente nella vita dopo la morte, considerando questo stato come un passaggio verso una forma più perfetta dell'esistenza terrena. Per questo motivo praticavano l'imbalsamazione, ovvero la rimozione degli organi interni dal cadavere e il conseguente bendaggio trattato con particolari sostanze che potessero mantenere il corpo intatto all'interno del sarcofago, in modo che i propri cari potessero affrontare il viaggio nell'oltretomba ed essere giudicati dagli dei. Assieme a questi, nella tomba venivano messi oro, gioielli, oggetti cari al defunto.

Le tombe venivano riccamente decorate con i **geroglifici**, la scrittura degli egizi, il cui termine significa "scrittura degli dei". La scrittura degli Egizi nasce inizialmente sotto forma di **ideogrammi** e **pittogrammi**, ovvero quei casi in cui ogni segno corrispondeva a una parola, rappresentando figurativamente un oggetto. Se si trattava di una cosa reale, si parlava di pittogramma; i geroglifici, inoltre, potevano anche rappresentare delle azioni. La scrittura egizia si legge da destra a sinistra, dall'alto al basso.

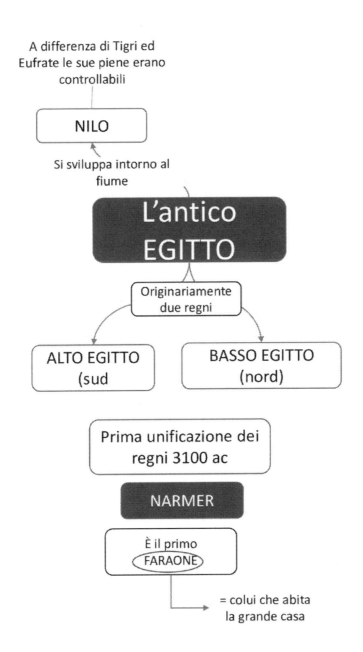

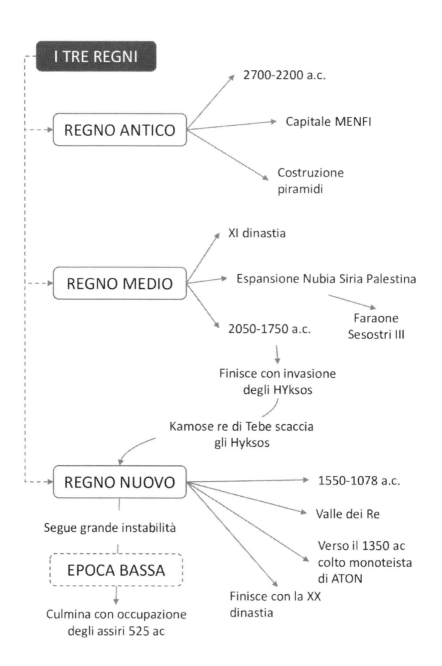

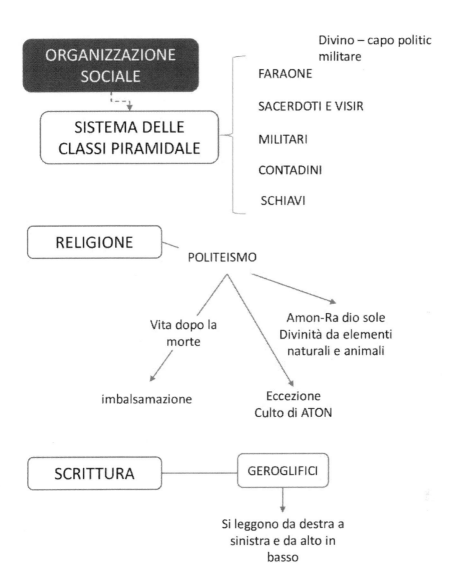

5. I Fenici.

Dal 2000 a.C. i Fenici, una popolazione di origine semitica, si insediarono nell'attuale area del Libano. I Fenici erano particolarmente abili nella costruzione delle navi, che realizzavano con legno di cedro presente sul loro territorio. Erano, inoltre, **esperti navigatori**: durante le navigazioni proponevano **scambi e commerci**, affrontavano il mare aperto e studiavano le costellazioni e le maree. I commerci, in particolare, erano svolti con territori molto lontani e così permettevano l'arrivo di merce molto richiesta.

I Fenici perfezionarono una **scrittura basata sul sistema alfabetico**, utile per i loro commerci. Il sistema fu stabilito a Biblo circa nel 1000 a.C., ed era composto da ventidue consonanti, senza alcuna vocale. Essendo un alfabeto molto semplice da usare, fu presto acquisito presso tutte le tratte commerciali fenicie. Da questo alfabeto, i Greci presero alcune caratteristiche introducendo poi le vocali, per farne il proprio. Erano, inoltre, abilissimi nel lavorare vetri, bronzo e avorio, e a creare gioielli finissimi. Uno tra gli elementi più pregiati della loro produzione era la **porpora**, un colorante ottenuto dai molluschi, lavorati con una tecnica nota agli artigiani fenici.

I Fenici sono particolarmente noti per la fondazione di un gran numero di colonie tra i secoli XI e VIII a.C.; ai Fenici si deve la fondazione di alcuni dei porti più importanti del Mediterraneo: in Sicilia Palermo e Mozia, in Sardegna Cagliari e Nora, in Spagna Cadice, in Marocco Tangeri, in Tunisia Urica e Cartagine. La nascita di queste colonie si deve soprattutto alla necessità del popolo fenicio di avere punti di rifornimento e appoggio nelle le loro lunghe rotte commerciali: i porti da loro fondati erano una vera e propria rete di città fortificate che univa l'Africa alla Spagna.

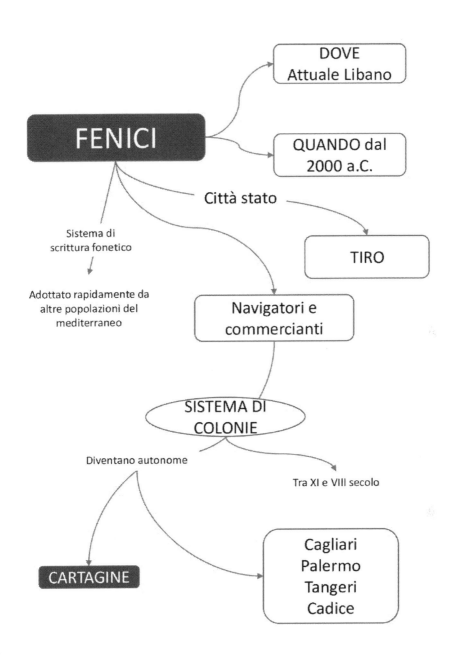

6. La civiltà ebraica.

Come fonte principale per conoscere storia, tradizioni e cultura ebraica, possiamo usare soprattutto la Bibbia. Si tratta di un insieme di testi, composti probabilmente tra il X e il II secolo a.C., divisi in "libri": il primo gruppo di libri ha il nome di **Pentateuco** e costituisce il primo nucleo teorico dell'Ebraismo. Assieme ai testi ritrovati nelle tombe egizie e ai documenti ittiti giunti sino a noi, oltre che con i dati forniti dalle campagne archeologiche, possiamo ricostruire la storia del popolo ebraico.

Gli Ebrei erano, originariamente, nomadi di lingua semitica, le cui prime tracce si sono riscontrate in Mesopotamia. Il nome deriva dal termine "habiru", ovvero "nomade", ma anche "predone", perché il popolo inizialmente si dedicava anche alla razzia, vivendo ai margini delle città sumeriche. La società ebraica era tribale e guidata da **patriarchi**, che si passano il potere politico e religioso di padre in figlio. La religione ebraica è l'ebraismo: il loro dio, **Jahvè,** è principio creatore ed è vietato rappresentarlo con immagini o statue (chi lo fa viene considerato un infedele iconoclasta) ed è proibito, inoltre, pronunciare il nome di dio. Trattasi, l'Ebraismo, della più antica religione monoteista, e vede la sua origine nell'alleanza tra Dio e Abramo, a cui Dio promette una porzione di terra in Canaan, in cambio di fedeltà, come raccontato nel primo libro della Bibbia, la Genesi. Inizialmente la società era divisa in dodici tribù, secondo il volere di Giosuè, ed erano tribù indipendenti, unite solo da cultura e religione. Solo nei casi di pericolo eleggevano dei **Giudici**, ovvero delle persone che assumevano il controllo politico e militare.

Nel 1700 a.C., a causa di una grave carestia, gli Ebrei dovettero trasferirsi dalla terra di Canaan in Egitto, sotto il comando di Giuseppe, figlio di Giacobbe. Quel territorio era già da poco stato occupato dagli Hyksos, che dopo soli due secoli di convivenza non troppo pacifica li ridussero in schiavitù. È solo nel XIII secolo a.C. che l'ebreo Mosè riesce a liberare il suo popolo dal faraone di Ramses II, nel tentativo di ricondurre gli Ebrei in Palestina (questi eventi sono narrati nel libro Esodo). La popolazione vagò però per decenni nel deserto del Sinai; durante il peregrinaggio Mosè ebbe da Jahvè le **Tavole della Legge**.

Al rientro in Palestina, che fu molto lungo e graduale, gli Ebrei si organizzarono in una monarchia retta prima da Saul, poi da David e poi da Salomone. I figli di quest'ultimo, però, dividono il paese costruendo due tempi, uno nella terra di Israele, nel settentrione, l'altro nella terra di Giuda, nel meridione. Il regno di Israele, però, viene raso al suolo da Sargon II circa nel 729 a.C., mentre il regno di Giuda è sopraffatto dal re babilonese Nabucodonosor II che nel 586 a.C. deporta una buona parte della popolazione a Babilonia, che verrà liberata solo con la conquista persiana. Tuttavia, al ritorno nella Terra Promessa, gli Ebrei trovarono occupata da altre popolazioni nomadi che nel frattempo vi si erano insediate.

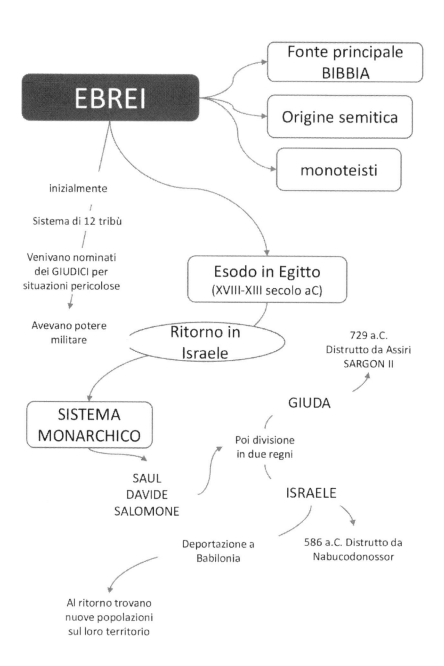

7. Medi e Persiani

I Medi (700 – 550 A.C.).

La popolazione dei Medi è stata per lungo tempo tributari degli Assiri e avevano verso di loro una serie di obblighi, tra cui quelli di consegnare i migliori cavalli che allevavano. Solo in seguito fondarono un regno proprio, la cui capitale era Ecbatana, e riuscirono a ribellarsi agli Assiri nel 612 a.C. grazie al re Ciassare, che si unì ai Babilonesi nell'assedio di Ninive. Così i Medi conquistarono diversi territori e si espansero in Assiria, Cappadocia e nella parte settentrionale della Mesopotamia. Tuttavia, il successore Astiage non riuscì a tenere unito il popolo e i territori. A seguito di una crisi intestina, il popolo dei Medi fu sconfitto dai persiani in una battaglia in cui il principe persiano Ciro battette Astiage e si proclamò re di entrambi i popoli.

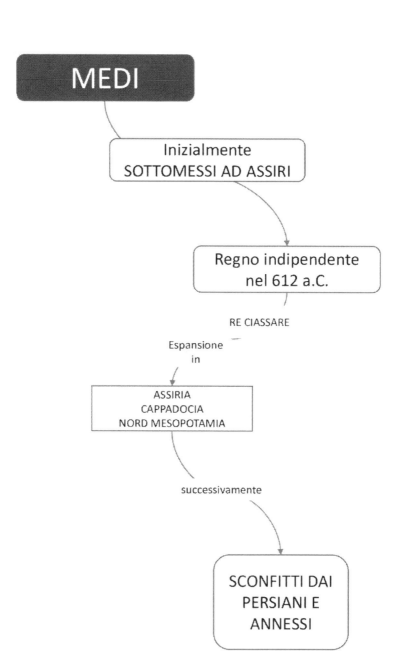

I Persiani (550 – 330 A.C.).

I Persiani furono l'ultimo grande popolo della Mesopotamia, prima che il focus delle vicende si spostasse in Europa. Erano originari dell'odierna Iran, di lingua indoeuropea. Dopo la vittoria contro i Medi, il re Ciro fondò una la nuova dinastia "achemenide", da **Achemene**, un antenato leggendario delle tribù persiane.

I Persiani si espansero innanzitutto nella Penisola anatolica, riuscendo a conquistare il regno di Lidia nel 546 a.C., dopodiché riuscirono a prendere Licia e le città greche della costa. Il re Ciro arrivò in Mesopotamia nel 539 a.C. e qui conquistò Babilonia; si spinse fino alla costa dei territori siro-palestinesi, alleandosi con gli Ebrei e permettendo loro il ritorno in Palestina. Nelle mire politiche di Ciro vi era anche l'Egitto, ma il re morì prima di riuscire ad arrivare nelle terre del faraone, a causa di un'incursione degli **Sciti**, un popolo della steppa. Il periodo di massima espansione persiano arrivò sotto il regno di Dario, salito al potere nel 522 a.C. dopo un periodo di governo di Cambise, figlio di Ciro, che però durò solo dal 529 al 522 a.C. **Dario** riuscì a conquistare una buona parte della Tracia e della Macedonia, tenendo tutti i territori già conquistati da Ciro, eliminando però le organizzazioni tribali e riorganizzando i territori come un unico Stato centralizzato.

Caratteri della civiltà persiana.

Inizialmente, sotto il regno di Ciro, i territori conquistati dai Persiani erano divisi in **governatorati** chiamati **satrapìe**, retti ognuna da un **satrapo** ("protettore del re"). I Persiani erano molto tollerante con i popoli conquistati, che potevano tenere lingua, religione e tradizioni. Ogni satrapo amministrava il governo locale, si occupava della riscossione delle tasse ed era sempre controllato a vista dagli **ispettori** del re, che ne osservavano il lavoro.

L'esercito era uno strumento particolarmente curato dai Persiani, i quali inventarono anche alcuni armamenti, come spade e scuri, oltre ad essere i primi a brevettare la corazza di ferro per la protezione dei soldati, che dava loro così un grande vantaggio in battaglia.

Le città persiane erano ben collegate e connesse tra loro, per facilitare l'amministrazione e lo scambio delle merci, oltre che il trasferimento dell'esercito e gli spostamenti del Sovrano, il quale andava spesso nelle sue province. Una delle strade più lunghe dell'antichità era la **strada reale**, di 2683 chilometri, che da Susa raggiungeva Sardi. I Persiani, inoltre, avevano una loro moneta, i **darici** (da "Dario", il re), ed era la moneta internazionale per i commerci.

Originariamente i Persiani adoravano le forze della Natura: il Cielo, l'Aria, il Sole, la Terra. Erano i **Magi** (sacerdoti e indovini) a occuparsi della religione; ma, successivamente, un riformatore religioso di nome **Zarathustra** diffuse le sue idee tra i reali che ne fecero poi religione di Stato, lo **zoroastrismo** (da "Zoroastro", nome con cui i Greci riconoscevano Zarathustra). Lo zoroastrismo è una religione monoteista. Alla base della religione c'era l'eterno conflitto tra il dio buono Ahura Mazda e il dio malvagio Ahriman. Alla fine del conflitto tra bene e male, arriverà un messia che farà trionfare il bene e quelli che avranno seguito il Dio Ahura Mazda avranno accanto a lui eterna felicità.

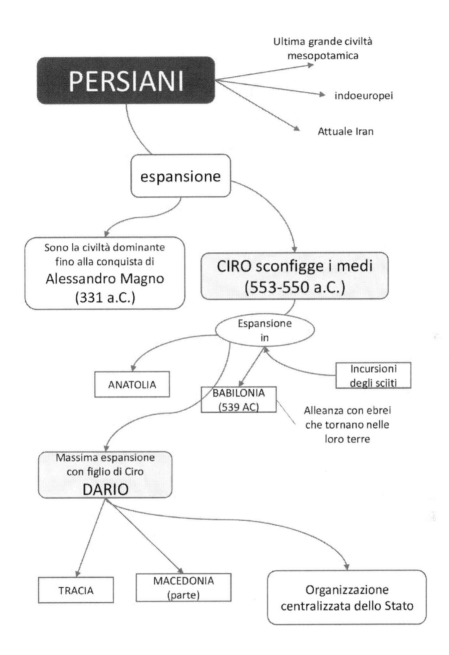

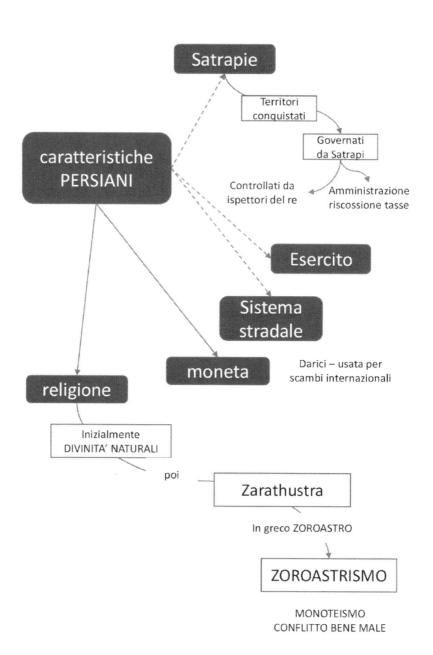

TERZA PARTE

IL MONDO GRECO

8. Gli antichi abitanti della Grecia.

Il mondo greco abbraccia un periodo molto lungo che va dalla civiltà cretese, che inizia intorno al 2300 a.C., fino alla conquista di Alessandro Magno (338 a.C.). La cultura e la civiltà della Grecia classica (dal VI al IV secolo a.C.) avrà un influsso fondamentale sulle società e le culture successive, in particolare su quella romana (la Grecia diventerà un protettorato romano nel 146 a.C.). Da qui la definizione della Grecia come "culla della civiltà" occidentale.

CRETA.

L'isola di Creta diventa polo commerciale e culturale del Mediterraneo tra il 2300 a.C. e il 1450 a.C. I primi abitanti della Grecia erano minoici (antico nome dei Cretesi, derivante dal leggendario re Minosse) e micenei, che erano invece provenienti da Micene. I Minoici erano degli intermediari tra Siria ed Egitto, trasportando materie prime (come olio e vino, prodotti a Creta) e materie preziose.

La società cretese fu scoperta e studiata dall'archeologo inglese Arthur Evans, vissuto a cavallo tra l'Ottocento e il Novecento. Egli ritrovò una serie di tavolette di argilla incise con tre tipi di scritture: la prima era geroglifica e risaliva al 2300-1700 a.C., quindi agli albori della storia di Creta; la seconda era una scrittura pittografica, ovvero rappresentata sotto forma di disegni, fu chiamata da Evans **Lineare A**. Ancora oggi non si è riusciti a decifrarla del tutto, essendoci molti termini totalmente sconosciuti; infine, una terza scrittura, comparsa nel 1300 a.C., è stata decifrata da Michael Ventris nella metà del Novecento, ed è chiamata **Lineare B**: è questa una lingua molto afferente a quella greca.

Grazie alla scoperta di queste tavolette incise si potette capire che l'isola di Creta era stata abitata da due civiltà: la prima, quella pre-greca, usava le scritture in geroglifici e Lineare A, ed era chiamata "minoica" per la corrispondenza col re Minosse; la seconda, la civiltà egeo-cretese, comparve nel II millennio a.C., usava la Lineare B ed era chiamata "micenea", da Micene, uno dei più grandi centri del continente europeo.

La leggenda di Minosse, dal quale il primo popolo cretese prese il nome, è celebre: egli chiese all'architetto Dedalo e a suo figlio Icaro di costruire un labirinto infallibile dove rinchiudere il mitico Minotauro. Al termine dei lavori, il re fece rinchiudere anche i due costruttori nel labirinto, per evitare che potessero svelare a qualcuno il trucco per uscirne. Per scappare, Dedalo costruisce delle ali fatte con piume d'uccello e cera, ma Icaro volò troppo vicino al sole, che sciolse la cera e lo fece precipitare e perire. Il labirinto di Dedalo è legato anche alla leggenda di Arianna, imprigionata nel labirinto, e Teseo che riesce a liberarla e trovare, grazie all'ingegnoso filo, la via di uscita.

È probabile che il labirinto della leggenda fosse un richiamo al maestoso Palazzo di Cnosso, centro di Creta; i tributi ateniesi un richiamo al dominio di Creta su Atene, prima della liberazione avvenuta durante il dominio miceneo sull'isola. Infatti, grazie alle scoperte di Evans e Ventris, si individuarono tre fasi della storia di Creta.

La prima fu la **fase "palaziale"**, dal 2300 al 1700 a.C., così chiamata perché i palazzi erano caratteristici dell'isola, che non presentava mura o fortificazioni, poiché probabilmente i popoli erano in pace tra loro. All'interno dei palazzi si potevano trovare ambienti dedicati a praticamente qualsiasi attività: dai magazzini alle sale di rappresentanza, dai teatri dove si svolgeva la **taurocatapsia** agli appartamenti del re, piazze pubbliche e stanze private. Durante la fase palaziale, gli edifici furono costruiti a

Cnosso, Festo e Mallia. Tuttavia, questi palazzi vennero distrutti nel 1700 a.C.: non si sa precisamente quale fu la catastrofe che causò il crollo della prima fase palaziale, ma si è ipotizzato potesse trattarsi di un terremoto. Inizia così, dal 1700 a.C., una fase **neo-palaziale** che durò fino al 1450 a.C., dove i palazzi furono costruiti ancora più splendidi di prima, ricchi di affreschi policromi (e senza mura, cosa che esclude quindi attacchi dal mare di altre popolazioni). Purtroppo, una serie di cataclismi avvenuti tra il XVI e il XV secolo a.C. sconvolsero il territorio, in particolare l'eruzione del vulcano dell'odierna Santorini, all'epoca Thera, provocò un enorme maremoto che devastò Creta e uccise migliaia di persone. La civiltà minoica cadde definitivamente dopo quest'ultimo evento, anche a causa dell'invasione dei Micenei, che occuparono la Grecia continentale e conquistarono l'isola.

Gli achei (1700-1150 a.C.)

Gli Achei, o Micenei, erano un popolo di lingua indoeuropea (greca), il cui nome deriva dalla loro principale città, ovvero Micene. Del popolo miceneo si trovano testimonianze anche a Pilo e Tirinto, e forse a Sparta e Tebe (Luxor). Di sicuro si sa che era un popolo ben armato e abituato alle guerre, tanto da costruire città dalle enormi mura fortificate (dette **mura ciclopiche** dalla leggenda che fossero stati i ciclopi a innalzarle). Dalle loro città i capi organizzavano e gestivano gli Stati militari che arrivarono fino alla Grecia continentale. La prima vera conquista micenea fu Creta, dove portarono la loro cultura, le loro tradizioni e la loro religione. I micenei colonizzarono poi gran parte del Mediterraneo, in particolare le isole dell'Italia meridionale e le coste dell'Asia Minore. Questa prima **colonizzazione greca** precedette una **seconda colonizzazione** che avvenne nell'VIII secolo a.C. Furono gli Ittiti a dare loro il nome di

Achei, nei documenti con cui allacciavano forti rapporti commerciali. La conquista più importante da parte dei micenei fu quella della città di Troia, avvenuta a metà del XIII secolo a.C.. La scoperta della città di Troia in tempi recenti fu opera di Heinrich Schliemann, un mercante tedesco studioso di greco, convinto che i racconti dell'*Iliade* di Omero corrispondessero a verità. Così riuscì a trovare una città sepolta, sulla collina di Hissarlik, in Turchia, che subito dichiarò essere Troia. Si scoprì in seguito che era una città ancora più antica di Troia, grazie agli studi di Carl Blegen, e che la terra aveva conservato ben nove strati di città, corrispondenti a nove fasi abitative, sin dall'Età del bronzo. Nel 1873 Schliemann scoprì, inoltre, una stanza ipogea dove trovò una grande quantità di oro e preziosi: per questo si convinse di aver trovato il tesoro di Priamo. Pochi anni dopo, avviò nuove campagne archeologiche in Peloponneso che lo portarono a scoprire, nelle zone di Micene, una tomba a **tholos** dove rinvenne una maschera funeraria databile al XVI secolo a.C., ritenuta da lui la maschera funeraria di Agamennone, leggendario re degli Achei.

I Dori (1150-500 a.C.)
Dopo la fine della civiltà Micenea, il mondo ellenico visse una serie di trasformazioni sociali ed economiche. La popolazione, che era stata decimata dalle calamità naturali, si raggruppò in piccoli villaggi, che veniva continuamente invasi da altre popolazioni nomadi che tra il II e il I millennio a.C. si muovevano verso la Grecia: queste popolazioni erano i **Dori**, gli **Ioni** e gli **Eoli**. La scrittura, che era stata fondamentale per i commerci dei Micenei, scomparve poiché inutilizzata nei piccoli villaggi; tutto ciò che sappiamo su questo periodo storico ci viene detto dai reperti archeologici, e per questo chiamiamo il periodo, oscuro e poco conosciuto, "**Medioevo ellenico**", dal 1200 all'800 a.C..

In particolare, i Dori venivano dall'Est Europa, a nord della Grecia: avevano invaso il Peloponneso e le regioni settentrionali, fondarono Sparta, Corinto e Argo. Grazie ai poemi scritti da Omero e dai ritrovamenti archeologici abbiamo potuto ricostruire la struttura sociale di questa popolazione e, in generale, diffusa in quel periodo. Il popolo era diviso in casate (o clan) al cui vertice si trovava il re (detto *basileus*), che governava con il supporto di un consiglio di anziani (detto *gerontes*). Il popolo, chiamato *demos*, si dedicava principalmente ad attività di agricoltura, allevamento, artigianato e *teti*, ovvero i lavoratori senza terra, e potevano tutti partecipare a delle assemblee generali, senza però prendere decisioni fondanti per il paese.

Tra la fine del IX e l'inizio dell'VIII secolo a.C. il Medioevo Ellenico lasciò il posto a quella definita **età arcaica**, che vedeva ancora la presenza delle tre popolazioni di Dori, Ioni ed Eoli. In questo periodo avvenne una importante rivoluzione agricola che velocizzò molto lo sviluppo economico del paese. Così, complice la crescita demografica e la rinnovata potenza militare (a causa delle tensioni tra chi esercitava il potere e il popolo) nacquero le **polis**, ovvero le città-stato. Il termine *polis* vuol dire "città alta", "acropoli". All'interno erano eretti il palazzo del re e il tempio della divinità. Le altre abitazioni erano invece nella "città bassa", l'**àsty**.

La **polis** era un'assoluta novità nel mondo antico per quanto riguarda le forme del potere: infatti i titolari della sovranità erano tutti i cittadini (detti **politai**), di diritto tutti coloro che avessero il padre già cittadino della Polis. I cittadini potevano esprimere il loro parere durante le assemblee pubbliche. La vita della polis si svolgeva tra l'acropoli e l'**agorà**, ovvero la piazza principale, dove si trovava il mercato e dove si facevano le assemblee.

Le polis erano di diversi tipi: monarchiche, aristocratiche e democratiche. Una polis monarchica era governata dal *basileus*, che esercitava il potere in nome del popolo e non era associato a una divinità (come invece accadeva per le popolazioni mesopotamiche ed egizie). La polis aristocratica era invece gestita da un gruppo di persone ristretto, considerate le più ricche, facoltose e istruite, e infatti "aristocrazia" significa "governo dei migliori"; in alternativa la polis poteva essere oligarchica, ovvero "governata da pochi". Infine, se la polis era governata dallo stesso popolo riunito nelle assemblee, si parla di polis democratica (ovviamente, solo i cittadini maschi liberi e i loro figli potevano avere voce in capitolo: donne, schiavi e stranieri non erano considerati come parte del popolo governante).

Per quanto riguarda la religione, ogni polis aveva i propri dei protettori, oltre a praticare il culto tradizionale degli dèi dell'Olimpo. In quel periodo nascono gli **oracoli**, ovvero persone o entità in diretto contatto con il dio, che poteva diffondere la volontà degli dèi e per questo consultati prima di ogni azione, soprattutto militare e politica.

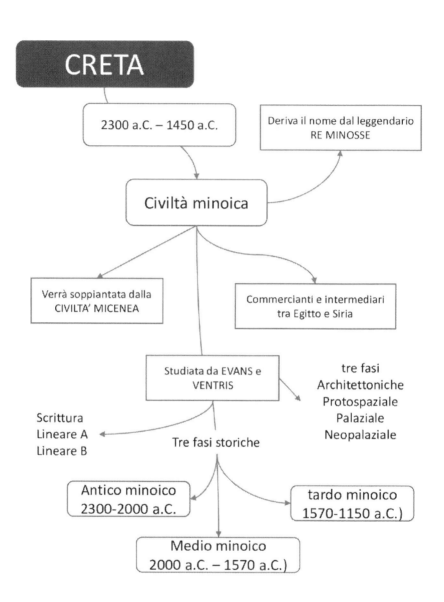

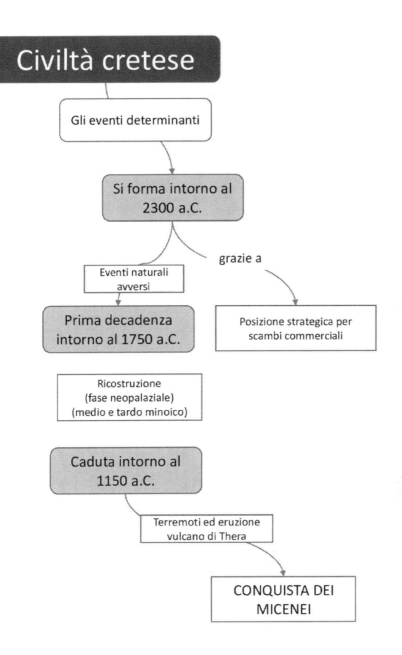

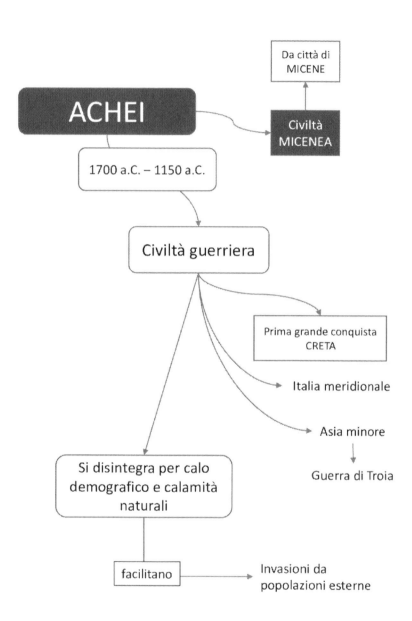

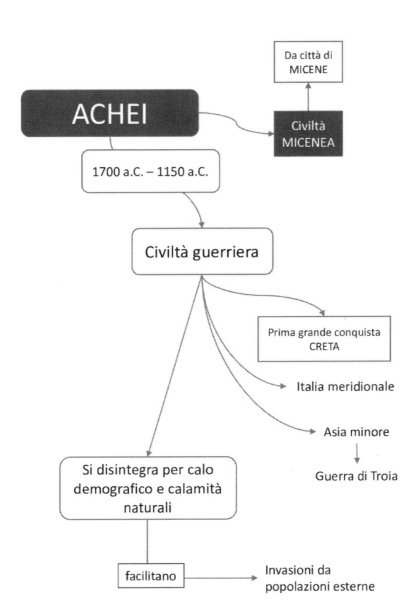

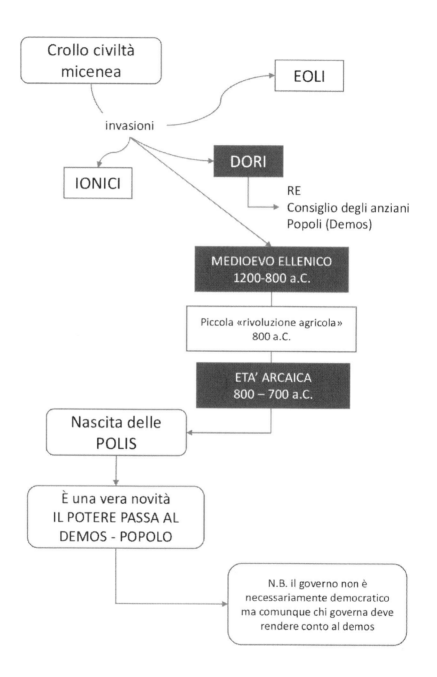

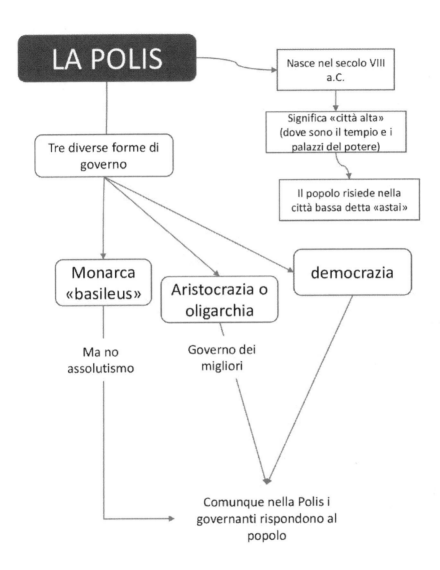

Sparta.

Sparta è una città che prende origine dai Dori; la città è celebre per le sue caratteristiche militari. Purtroppo una grave carenza di fonti storiche, testimonianza dell'avversione degli Spartani per la scrittura, impedisce una ricostruzione precisa della storia della città; tutto ciò che sappiamo deriva da fonti ateniesi, spesso connotate da un forte tono polemico nei confronti della città rivale. Una buona porzione della storia di Sparta era stata riportata negli scritti del re **Pausania**, che però sono andati perduti.

Anche l'archeologia aiuta poco, perché Sparta era un agglomerato di villaggi con case in legno, senza fortificazioni o monumenti; una città poco decorata, che votava la sua vita alla potenza militare. Sparta sorgeva nella regione della Laconia, nel Peloponneso meridionale, lì dove si trovava un tempo la città di Lacedemone. I Dori la conquistarono e fondarono poi Sparta, che nel 750 a.C. riuscì a conquistare tutto il territorio della Laconia e iniziò una serie di guerre (chiamate "guerre messeniche") per la conquista di Messenia, tra l'VIII e il VII secolo a.C. Dopo aver conquistato l'intera regione, smisero di espandersi per concentrarsi sull'equilibrio interno dello stato.

Il popolo era diviso in tre gruppi: gli **spartiati**, gli **iloti** e i **perieci**.

Gli spartiati erano discendenti dei Dori, quindi avevano il diritto di cittadinanza per nascita. Tutti i maschi avevano davanti una vita militare, tanto che già a sette anni i bambini venivano educati in gruppo da un **pedagogo** (termine che si usa ancora oggi e che originariamente significava "educatore di ragazzi") per poi essere ammessi tra i combattenti a soli diciannove anni. A trent'anni potevano partecipare all'assemblea dei cittadini e prendere moglie, vivendo con un appezzamento di terra dato dallo stato, da poter lasciare in eredità solo al figlio maschio primogenito.

I perieci vivevano in comunità attorno a Sparta ed erano vincolati agli spartiati, senza avere alcun diritto politico. Erano però liberi di praticare artigianato e commercio, attività di cui gli spartiati non si occupavano. Gli iloti, invece, non avevano alcun diritto politico e civile e dovevano, a loro spese, coltivare i terreni degli spartiati. Erano alla stregua degli schiavi: sottomessi totalmente, liberi solo se gli spartiati lo desideravano, cosa che accadeva molto raramente (anzi, spesso veniva dichiarata formalmente guerra agli iloti, così da poterli sterminare a piacimento).

A governare Sparta ci pensavano due sovrani: si tratta quindi di una **diarchia**. **Licurgo**, legislatore spartano, scrisse una Costituzione (chiamata **rhétra**) che istituiva in questo modo il governo aristocratico: veniva convocata l'assemblea degli spartiati, chiamata **apélla**, che eleggeva gli anziani (detti **gheronti**) e i sorveglianti (**èfori**), e aveva, inoltre, il compito di approvare le leggi. I due re e i gheronti (che erano, in tutto, ventotto) componevano la **gherusìa**, i cui compiti erano giudiziari, di controllo dell'operato del governo e di proposta di legge. Invece i cinque èfori restavano in carica per un anno e avevano il compito di amministrare la giustizia e controllare l'educazione dei spartiati.

ATENE.

Le fasi della vita politica ateniese: oligarchia, repubblica aristocratica borghese, tirannide, democrazia.

Atene è una città di origine ionica, culla della democrazia e della filosofia. Sulla fondazione della città ci sono diverse leggende: da Atena che, vincendo la sfida contro Poseidone, pianta il suo primo ramoscello d'ulivo su quella che sarà l'Acropoli, a Cecrope, primo re di Atene e semidio, a Teseo che, dopo aver sconfitto il Minotauro, era tornato ad Atene fondando i dodici villaggi attorno al nucleo dell'Acropoli, creando così la *polis*. La verità si perde nelle leggende; tuttavia è indubbio, grazie ai ritrovamenti archeologici, che Atene fosse inizialmente una roccaforte micenea e aveva resistito al passaggio dei Dori, fondendosi invece con la cultura ionica.

La prima struttura sociale ateniese era di tipo tribale: quattro tribù con ognuna un re e una serie di **fratrìe**, ovvero famiglie; vi erano anche i **ghéne**, cioè le "stirpi" delle famiglie aristocratiche; e gli **orgheònes**, gruppi che includevano gli stranieri residenti ad Atene, senza diritto di cittadinanza ma che godevano della protezione degli ateniesi.

Successivamente, per un certo periodo Atene fu governata da un **basileus** che deteneva il potere assoluto, ma all'inizio dell'età arcaica il potere della città va agli aristocratici, in particolare ad alcuni **arconti**, cioè membri eletti di famiglie aristocratiche. Gli arconti, eletti durante l'**ecclesìa**, ovvero l'assemblea generale, restavano in carica per un anno ed esercitavano tutte le funzioni militari, religiose e giudiziarie. Alla fine dell'anno entravano nell'**Areòpago**, il tribunale supremo.

Nel 620 a.C. il legislatore Dracone emanò una serie di leggi per cercare di calmare le tensioni che dilagavano tra gli aristocratici e i contadini, dando vita al diritto penale. Tuttavia queste tensioni sociali non si risolsero, e così l'aristocratico **Solone** emanò una nuova serie di leggi nel 594 a.C., tra cui la **sàchtheia**, ovvero la cancellazione dei debiti e il divieto che un cittadino diventasse schiavo di un altro per sanare il proprio debito. La cittadinanza fu riorganizzata basandosi sul reddito dei singoli cittadini, e fu fondata così la prima **timocrazia**, ovvero un governo che era fondato sulla **timé** (ovvero la ricchezza) di ogni cittadino. I cittadini sono suddivisi in quattro classi: i pentacosiomedimni, i cavalieri, gli zeugiti e i teti.

Pur avendo risolto molti problemi, le riforme di Solone non riuscirono a portare totale equilibrio nella polis. Ne approfittò

Pisistrato, il quale nel 561 a.C. occupò l'Acropoli e iniziò a esercitare il potere dando inizio alla fase di governo **tirannide**. Alla sua morte, nel 528 a.C., il governo passò nelle mani dei suoi figli Ippia e Ipparco, i quali però, a causa dei loro atteggiamenti dispotici e della loro incompetenza, causarono il malcontento della popolazione e una serie di congiure progettate ai loro danni: in particolare, Ipparco morì ucciso dai celebri **Armodio** e **Aristogitone**, da allora noti come "tirannicidi". Ippia, invece, riuscì a scappare in Persia dopo l'intervento di Sparta nel 510 a.C., chiamata dagli aristocratici ateniesi per debellare definitivamente i tiranni.

La situazione di squilibrio sociale ad Atene, però, non si assesta finché **Clistene** non emana una nuova costituzione democratica nel 508 a.C. Innanzitutto, istituisce un'unità politico-amministrativa detta **démo** e divide l'Attica in zone in cui i cittadini venivano registrati sin dalla nascita, a prescindere dal loro reddito. Il territorio fu diviso in tre zone geografiche: le città, le zone di montagna e le zone costiere. Ognuna di questa era divisa in altre 10 sotto-zone. Nelle sotto-zone della città, dette **trittìe**, dominavano gli aristocratici; nelle sotto-zone della montagna, i contadini; in quelle della costa, pescatori, artigiani e commercianti. Le trittìe erano riunite in 10 tribù: un sistema che permetteva sia di unire classi sociali e provenienze diverse, sia che ci fosse una maggioranza di classi non-aristocratiche che partecipavano alla vita politica, così da non lasciare il potere in mano agli aristocratici.

Infine, Clìstene creò il **Consiglio dei Cinquecento**, di cui facevano parte 50 persone di ogni tribù, scelti con un sorteggio. Così anche i contadini e gli artigiani potevano far parte del governo. Ogni legge veniva emanata dal Consiglio, che esaminava i problemi del popolo sorti durante l'**ecclesìa**, ovvero le assemblee popolari a cui partecipavano tutti i cittadini maschi di Atene.

LE COLONIE GRECHE.

Ragioni e caratteri della colonizzazione. L'organizzazione e l'autonomia delle colonie. La colonizzazione dell'Italia e i suoi caratteri specifici. Conseguenze per il mediterraneo.

Nonostante sulla carta l'organizzazione della polis sembrasse senza particolari problemi, in realtà anche le città greche diventarono teatro di una serie di scontri tra aristocratici, raggruppati in **eterìe**, ovvero "compagnie". Si visse anche un periodo di disuguaglianze economiche e sociali tra i cittadini tra il IX e l'VIII secolo a.C., che portarono alla diffusione degli aristocratici **latifondisti** che si arricchivano anche ai danni dei contadini poveri.

Questa situazione politica, sociale ed economica portò alla **seconda colonizzazione** (dopo quella micenea). Tra l'VIII e il VI secolo a.C. diverse città fondarono moltissime nuove *poleis* in tutto il territorio del Mediterraneo, arrivando a Marsiglia (in Francia) e a Cirene (in Africa). Furono inoltre fondati anche degli insediamenti in Italia meridionale: quest'area prese il nome di **Magna Grecia**.

I Greci chiamavano le colonie **apoikìa**, ossia "trasferimento della casa/patria": normalmente partivano per la colonizzazione i membri della casa aristocratica sconfitta durante le lotte intestine, ma anche ad altre classi sociali in cerca di una vita migliore. La città di partenza era chiamata **metròpolis** (ovvero "città madre") e da lì, con una serie di navi, prima si partiva per l'oracolo di Delfi (per ottenere una sorta di benedizione) e poi si nominava un **ecìsta**, ovvero un fondatore, che controllava e guidava la spedizione esercitando potere militare e civile. Le città coloniali erano più libere della patria e la società era più egalitaria; in questo periodo di seconda colonizzazione si diffuse la necessità di scrivere le leggi e nacquero in questi secoli i primi legislatori, Caronda di Catania e Zaleuco di Locri Epizefiri. Inoltre, dalla Magna Grecia provengono anche i primi filosofi: Pitagora da Crotone, Parmenide da Elea, Empedocle ad Agrigento.

La più antica delle colonie greche fu Ischia, in greco *Pithecùsa*, ovvero "terra delle scimmie", fondata nel 770 a.C.; appena dopo Ischia è datata Cuma e poi Napoli, Paestum ed Elea. In Puglia, invece, sorsero dopo poco tempo anche Taranto (colonia di Sparta); in Basilicata e Calabria furono fondate Sibari, Crotone, Locri e Reggio. In Sicilia la situazione era più complicata: i Fenici, provenienti da Cartagine, avevano già conquistato la parte occidentale, fondando le città di Palermo e Trapani; per cui i Greci dovettero avere a che fare non solo con i siculi, ma anche con questa popolazione. Tuttavia, riuscirono ad appropriarsi della zona orientale dell'isola, e i coloni di Corinto fondarono Siracusa nel 733 a.C., seguita poco dopo da Agrigento. Tra i greci e i cartaginesi sorse Selinunte, colonia greca del 627 a.C.: la seguirono Catania, Messina, Gela, Taormina e molte altre città ancora note.

Nelle colonie fu introdotta la moneta, il cui "prototipo" si chiamava **obolo** (in ferro), seguito qualche tempo dopo da altre monete in oro e argento. Si forma, inoltre, una classe "media": artigiani, armatoi, marinai e mercanti, professioni nate grazie ai ricchi scambi commerciali tra la patria e le colonie; tuttavia questi andarono a scontrarsi con la "vecchia" aristocrazia. In generale, l'introduzione della moneta per i commerci eliminò l'usanza del baratto e la circolazione del denaro ebbe un fortissimo impatto economico in tutto il Mediterraneo.

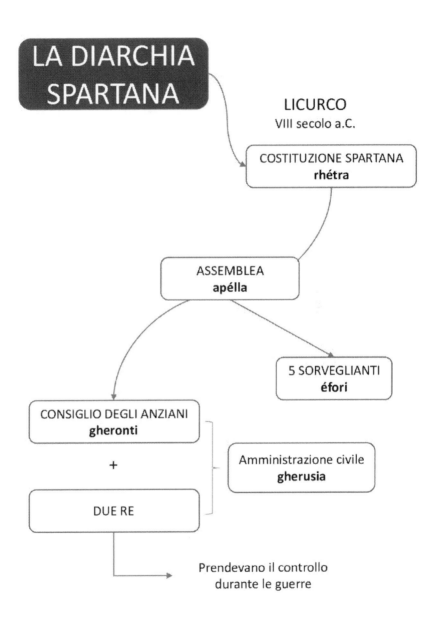

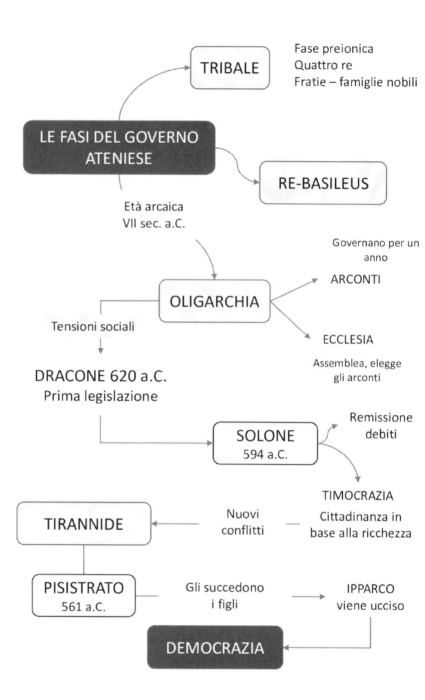

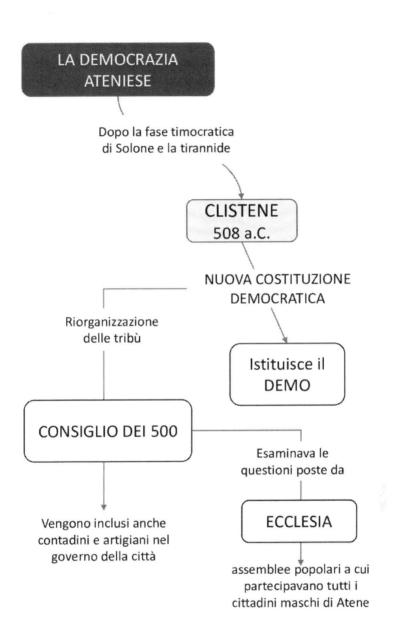

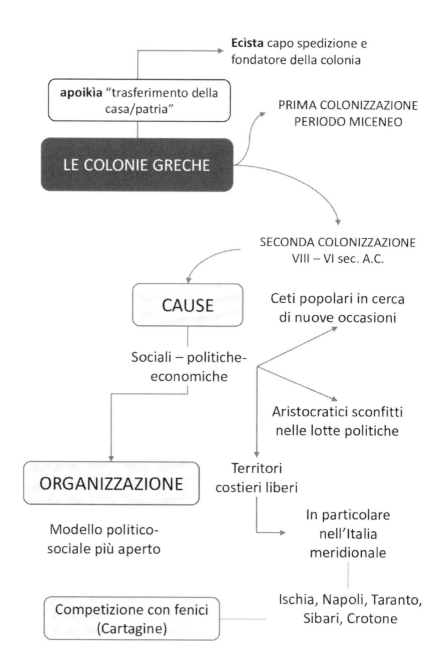

9. Le guerre persiane (500 – 449 A.C.).

Alla fine del VI secolo a.C. le poleis greche erano fiorite da un punto di vista economico e culturale; a giovarne erano in particolare le Cicladi, Mileto, Efeso, Samo e ovviamente Atene e Corinto. Tuttavia, il re Ciro (559-529 a.C.) e il successore, Cambise (529-522 a.C.) grazie alla loro politica espansionistica, avevano portato l'impero persiano a comprendere buona parte dei territori adiacenti alla Grecia, tra cui Egitto, Siria e Mesopotamia. I persiani conquistarono quindi la Lidia e la sua capitale, Sardi, confinante con le poleis della Ionia, le quali si videro poi costrette a dare aiuti militari e a versare tributi ai Persiani, e videro inoltre finita la loro autonomia nei commerci marittimi. I due governi, però, erano troppo diversi tra loro: i Persiani si fondavano su una monarchia, mentre tra i Greci c'era la democrazia: così iniziarono **i primi scontri tra Greci e Persiani, nel 499 a.C., durante il regno di Dario**. I Greci si ribellarono ai dominatori e il tiranno di Mileto, Aristagora, guidò una spedizione militare alla conquista di Sardi. I Persiani risposero cercando assediando Mileto, e in loro aiuto accorsero i Fenici, loro sudditi. La città fu assediata e conquistata nel 494 a.C., e Dario diede ordine affinché venisse rasa al suolo e tutti gli abitanti resi schiavi. Dopo quest'evento, Atene strinse un accordo militare con Sparta.

Questi eventi furono solo gli antefatti della guerra che si scatenò poco dopo: nel 492 a.C. iniziò ufficialmente la **prima guerra persiana**. La guerra si svolse in due fasi. Nel 492 a.C. i persiani furono respinti dai tebani nella battaglia di quando Dario inviò una flotta di 25.000 soldati a combattere i Greci. La flotta era comandata dal generale Dati e dal satrapo Artaferne, sbarcò in Eubea e conquistò Eretria in poche settimane. Stabilì poi l'accampamento nella pianura di Maratona. Atene mandò tutto il suo esercito composto da 10.000 opliti comandati da Milziade e chiese aiuto a Sparta, la quale però era in pieni festeggiamenti in onore di Apollo e promise di mandare il suo esercito alla fine delle feste Carnee, circa sei giorni dopo. Gli Ateniesi, però, scendono in battaglia prima. Nel 490 a.C. Ateniesi e Persiani si affrontano nella battaglia di Maratona e i Greci ottennero una vittoria strabiliante nonostante l'inferiorità numerica e, soprattutto, nonostante il fatto che i soldati persiani fossero a cavallo. Con intelligenza Milziade aumentò il numero di opliti ai lati e lo diminuì al centro, cosicché i fanti persiani furono travolti e schiacciati ai due lati dagli opliti ateniesi, che si voltarono prendendo l'esercito nemico alle spalle. **Erodoto** racconta che alla fine della battaglia ci furono 6400 Persiani morti e solo 192 Ateniesi. I Persiani tentarono un ultimo attacco provando a prendere Atene; ma Milziade, intuita la strategia, riportò subito i soldati alla polis per difenderla. I Persiani a quel punto furono costretti a salpare dal Pireo per tornare verso la patria, terminando così la prima guerra persiana.

Gli Ateniesi festeggiarono con grande onore questa vittoria, ma la città si divise in due fazioni: una conservatrice, capeggiata da Aristide degli Alcmeonidi, che premeva per stringere un accordo con la Persia; l'altra era radicale e guidata da Temistocle, che invece sottolineava la necessità di costruire una flotta. Alla fine la fazione di Temistocle ebbe la meglio e iniziò ad attrezzare una flotta di **triremi**, una nuova tipologia di nave inventata in città, che poteva raggiungere la velocità di 10 nodi (molto notevole per l'epoca). Con ben 100 navi, remate dai teti (i cittadini più poveri, che per la prima volta potevano contribuire alla difesa della città), Atene divenne la città greca con la flotta più grande.

La seconda guerra persiana (480 – 479 A.C.). Esito e conseguenze del conflitto.

Alla morte di Dario si diffuse la notizia di una nuova spedizione persiana, guidata dal successore, Serse. Le città greche decisero quindi di allearsi contro il nemico comune, fondando la **Lega di Corinto**, composta da 29 città tra cui Atene, Sparta e Argo. Altre città greche, come Tebe, avevano preferito un accordo col nemico.

La guerra iniziò nel 480 a.C., quando l'esercito persiano attraversò il Bosforo mentre una flotta si portava al largo della Grecia per attaccare via mare. La prima linea di resistenza greca fu stabilita a nord di Atene, al **passo delle Termopili**, occupato da **Leonida**, re di Sparta, che però aveva a disposizione solo **300 opliti** e poco più di altri 4000-5000 soldati di altre città, non particolarmente motivati dal conflitto e tentati dalla fuga. Grazie ad una strenua e leggendaria resistenza, gli spartani riuscirono a rallentare l'avanzata persiana consentendo ai greci di organizzarsi. Così, mentre i Persiani erano ad Atene, i Greci si riunirono in assemblee e Temistocle li convinse ad attaccare. Lo stratega riuscì a far cadere i Persiani in una trappola: fingendo di fuggire via mare verso Ovest, obbligò le navi Persiane a entrare nella baia di Salamina, che però molto stretta; e le navi persiane, grosse e pesanti, restarono bloccate all'interno della baia. Così, con i veloci e leggeri triremi, i Greci distrussero la flotta nemica, mentre Serse da terra stava a guardare atterrito la disfatta del suo esercito.

La battaglia alla baia di Salamina, però, non fu la fine della seconda guerra persiana: Serse tornò in Asia lasciando Mardonio al comando dell'esercito accampato in Grecia. Nel 479 a.C. **Pausania**, reggente di Sparta, porta l'esercito greco a **Platea**, dove si trovavano i Persiani, per attaccarli. Gli Spartani e gli alleati vinsero la battaglia, in cui morì anche Mardonio; nel mentre, la flotta greca riuscì a sconfiggere quella persiana a capo Micale. La sconfitta persiana fu totale e i Greci recuperarono la costa dell'Egeo, dopo quindici anni di guerra.

PRIMA GUERRA PERSIANA

Espansionismo persiano verso le colonie greche

RE DARIO

492 – 490 a.C.

Prima fase

Sconfitta persiana contro Tebe e naufragio flotta

Seconda fase

Battaglia di Maratona 490 a.C.

Vittoria decisiva

Esercito di ATENE

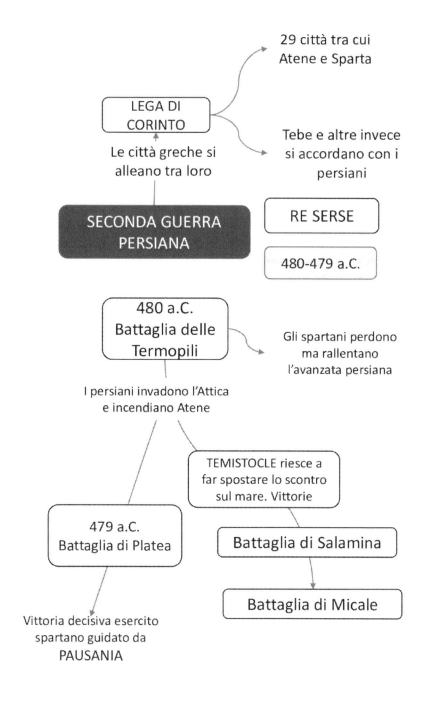

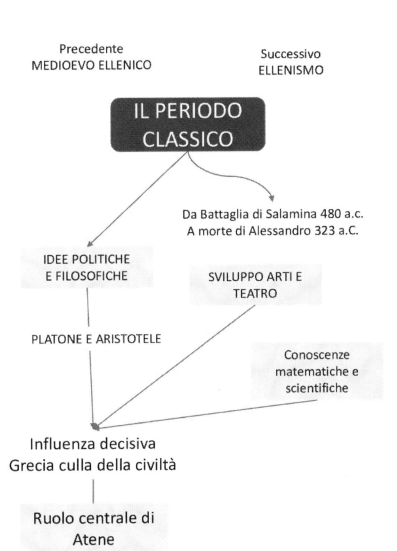

10. Il periodo classico. Le egemonie ateniese, spartana, tebana.

IL PERIODO CLASSICO

Tra il V secolo e la conquista di Alessandro, in un arco temporale di circa 150 anni – cioè tra la battaglia di Salamina del 480 a.C. e la morte di Alessandro del 323 a.C. -, viene collocato il periodo classico del mondo greco. Le idee e le arti che si sviluppano in quel momento sono considerate, anche per il tramite romano che ne risultò influenzato, il fondamento della società occidentale. Da qui la definizione di Grecia quale "culla della civiltà". Centro culturale del periodo classico è considerata Atene ma il pensiero filosofico, le idee estetiche, lo sviluppo del teatro e delle altre produzioni culturali, riguardano l'intero mondo greco, comprese le colonie dell'Italia meridionale (Magna Grecia). Tale processo riguarda anche la politica, con le persone – seppure solo uomini e spesso limitatamente al censo- che diventano per la prima volta nella storia cittadini, con diritti personali, e possibilità di arrivare attraverso la libera scelta di altri alle massime cariche pubbliche. La centralità di Atene fu determinata da molteplici fattori, non da ultimo l'opera di Pericle – tanto che si parla anche specificamente di "età di Pericle"- che guidò la città tra la seconda guerra persiana e la guerra del Peloponneso. Sotto la sua guida Atene divenne la maggiore potenza militare e civile della Grecia. Pericle riuscì ad unire la potenza bellica allo sviluppo culturale e artistico della società ateniese. Ciò fu possibile perché le guerre persiane avevano fatto emergere, insieme allo sforzo bellico, l'idea di libertà (politica e di pensiero) e di cittadinanza come tratti d'identità greca.

Con il passaggio all'ellenismo verranno conservate e sviluppate molte idee artistiche e filosofiche mentre verranno accantonate le idee di libertà politica che tuttavia troveranno terreno fertile sia nel mondo romano (dove la Repubblica resterà fino a quasi tutto il I secolo a.C.) che nelle società europee e americane moderne e contemporanee.

LE EGEMONIE DI ATENE, SPARTA E TEBE.

La vittoria delle due guerre contro i Persiani si doveva a pari merito ad Atene e Sparta, ma fu soprattutto Atene che riuscì a sfruttare il dopo guerra a suo vantaggio. Infatti, a Sparta interessava esclusivamente difendere il proprio equilibrio interno e contenere gli iloti, mentre non voleva impelagarsi in una politica estera complicata che avrebbe solo indebolito il Peloponneso. La fazione conservatrice spartana ebbe la meglio e perfino Pausania fu riportato in patria e dopo pochi anni ucciso con l'accusa di aver congiurato contro la costituzione e gli efori.

Atene invece vide un forte consolidamento del governo democratico e anche un inizio di una politica imperialistica. Iniziò così un processo di espansione avvantaggiato dalla **Lega di Delo**, detta anche **lega delio-attica**, fondata nel 477 a.C. e che vedeva l'unione di città prevalentemente ioniche, di cui Atene era la guida. Il **tesoro** della Lega fu conservato a Delo, isola sacra ad Apollo; ogni città alleata poteva scegliere se fornire milizie o pagare un tributo, riscosso dagli Ateniesi.

Nel frattempo **Temistocle** iniziò a ricostruire Atene nella considerazione della recente importanza e crescita politica della città: temendo quindi delle rappresaglie non solo persiane, ma anche spartane, Atene venne ricostruita dotata delle **Lunghe Mura**, ovvero un tracciato difensivo che univa l'Acropoli al porto del Pireo (da cui distava circa 4 chilometri), dotato di arsenale e fortificato, in modo da garantire l'arrivo delle merci via mare. I rapporti con Sparta così si incrinarono. Nel 470 a.C. però il partito moderato si impone e ottiene la pace con Sparta, mentre

Temistocle viene esiliato. Cimone assume allora la guida della città, ma dura appena nove anni, perché nel 461 a.C. il partito dei democratici riprende il sopravvento e lo ostracizza. Il capo del partito democratico è **Pericle**: nel 460 a.C. trasferisce tutti i poteri al Consiglio dei Cinquecento (chiamato **boulé**), riduce l'autonomia dell'Areòpago, il Tribunale Ateniese, e introduce un pagamento per tutti coloro che vogliano partecipare all'assemblea o al tribunale in veste di giudice. Fino a quel momento a chi aveva il padre ateniese spettava di diritto la cittadinanza; Pericle invece limitò questo diritto a chi aveva entrambi i genitori già cittadini. Pericle fa inoltre erigere il **Partenone**, il tempio svettante sull'Acropoli dedicato alla dea Atena e nel 454 a.C. sposta il tesoro della Lega di Delo ad Atene.

Guerra del Peloponneso (431 – 404 a.C.).

Atene e Sparta avevano raggiunto un accordo politico con la pace di Callia, stipulata nel 449 a.C., ma le loro tensioni erano ancora vive, soprattutto perché la politica imperialistica di Atene si intromette spesso nelle decisioni relative a città alleate di Sparta. In particolare nel 433 a.C. Pericle aveva escluso Megara, città alleata di Sparta, dalla Lega delio-attica; Sparta chiese di ritirare il decreto ma Pericle si rifiutò e minacciò la Lega del Peloponneso, causando così una guerra della durata di quasi trent'anni: la **Guerra del Peloponneso**.

Sparta e gli alleati iniziano ad attaccare i territori ateniesi, e la popolazione viene fatta rifugiare all'interno delle mura di Atene. Tuttavia, a causa del sovraffollamento, nel 430 a.C. in città scoppia una pestilenza che uccide tantissimi cittadini tra cui lo stesso Pericle. Nel 425 a.C. il nuovo capo del partito democratico di Atene, Cleone, riesce a conquistare e occupare l'isola di Sfacteria, ma viene presto contrattaccato da Brasida, generale spartano. Nel 422 a.C., dopo una battaglia ad Anfipoli, entrambi i comandanti muoiono: a quel punto Nicia, ateniese esponente della fazione moderata, convince Atene a stipulare la **Pace di Nicia** nel 421 a.C. Si chiude in questo modo la prima fase del conflitto, ma la tregua durò poco, perché si fece avanti un parente di Pericle, **Alcibiade**.

Alcibiade si convinse che una vittoria militare contro Sparta gli avrebbe permesso di affermarsi come leader ad Atene; il pretesto per un nuovo scontro si presentò nel 416 a.C., quando la città siciliana di Segesta, alleata di Atene, chiese aiuto per una guerra contro Siracusa, alleata di Sparta. Nonostante l'opposizione di Nicia, Alcibiade ottenne l'appoggio dell'assemblea e salpò con 130 navi diretto a Segesta. I tre strateghi dell'esercito ateniese erano lo stesso Alcibiade, Lamaco e Nicia; tuttavia Alcibiade fu accusato poco dopo di sacrilegio, poiché le immagini sacre del dio Ermes furono trovate mutilate in tutta Atene e tra i nomi dei sacrileghi spuntò anche quello del comandante. Egli decise quindi di scappare e rifugiarsi dagli Spartani, per il quale divenne fidato consigliere, svelando loro i segreti dell'esercito ateniese. Così, quando Lamaco e Nicia arrivano in Sicilia, provano ad assediare Siracusa senza troppa convinzione: in breve tempo i Siracusani li sconfiggono, nel 413 a.C., uccidendo Nicia e imprigionando i guerrieri nelle **Latomìe**, le cave di pietra di Siracusa. Nel frattempo Sparta, consigliata sempre da Alcibiade, occupa Decelea e si allea con il nuovo re di Persia, Dario II, il quale sperava di riconquistare le città ioniche sfruttando il conflitto tra Sparta e Atene.

La Guerra del Peloponneso prosegue: nel 411 a.C. i conservatori presero il potere dopo un colpo di Stato e imposero un nuovo governo, affidato ai **Quattrocento** (quattrocento cittadini ateniesi scelti dalla fazione), il cui obiettivo era ottenere la pace con Sparta; ma la fazione democratica riuscì a riprendere il potere in breve tempo e a riaccendere le ostilità con il nemico.

Gli Spartani, avvantaggiati dal rapporto con i Persiani, costruiscono una grande flotta e riescono a fronteggiare gli ateniesi anche via mare. Così, dopo una prima sconfitta nelle isole Arginuse nel 406 a.C., Sparta distrugge la flotta ateniese a Egospotami (405 a.C); infine **Lisandro**, comandante spartano, conquista Atene che si arrende definitivamente, ponendo fine alla guerra. Inizia per Atene il periodo dei "**Trenta tiranni**", ovvero il governo dei trenta uomini che riformano la costituzione democratica e che attuano una repressione dei democratici nel tentativo di riportare la città a un regime aristocratico o oligarchico; alla fine, nel 403 a.C., un gruppo di esuli guidati da Trasìbulo riesce a scacciare i Trenta e a ripristinare la democrazia, condannando a morte tutti coloro che avevano appoggiato i Trenta. Nelle faide resta coinvolto anche filosofo Socrate che viene condannato a morte. La sua morte verrà raccontata da Platone.

Caduta di Sparta e il breve periodo tebano

La Persia, che per tutta la durata della Guerra del Peloponneso aveva appoggiato Sparta, decise di riconquistare le città della Ionia perdute durante le guerre persiane. Trovò allora in Atene, ferita dalla recente guerra contro Sparta, un ottimo alleato: la flotta degli spartani subisce infatti una prima grande sconfitta nel 394 a.C. a Cnido, battuta dalla flotta persiana al comando di Conone, ateniese. Gli Spartani decidono allora di firmare la pace di Antalcida, concedendo alla Persia l'isola di Cipro e le città ioniche. In cambio di questa concessione, Sparta ottiene che le *poleis* greche non possano più unirsi in alleanze (era già definitivamente finita la Lega delio-attica) e, inoltre, siano sottoposte al controllo spartano. Tuttavia la città di Tebe, all'epoca capitale della Beozia, si ribella alle imposizioni della pace di Antalcida ed entra in guerra contro Sparta, sconfiggendola a Leuttra nel 371 a.C. grazie ad alcune strategie militari molto efficaci, messe a punto da Pelopida ed Epaminonda, condottieri tebani. Tebe divenne la città più potente della Grecia per diversi anni; Atene però si ritrovò preoccupata dalla situazione e decise di allearsi con Sparta per resistere ai tebani. I tre popoli combatterono a Mantinea, in Arcadia, nel 362 a.C.. In quella battaglia morì Epaminonda e Tebe si indebolì molto e perse gran parte della sua egemonia. Il conflitto tra le diverse città greche e anche tra le diverse classi all'interno delle singole polis portò ad un generale indebolimento delle singole realtà cittadine, preparando così il terreno alla perdita di autonomia di lì a poco.

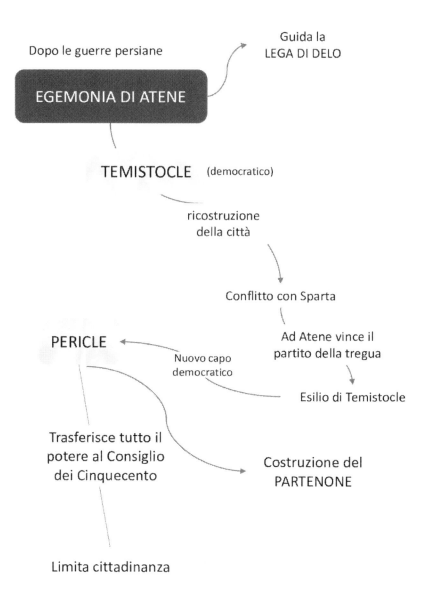

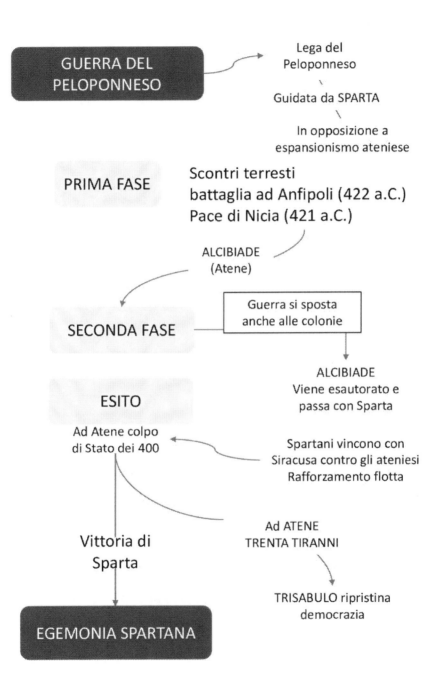

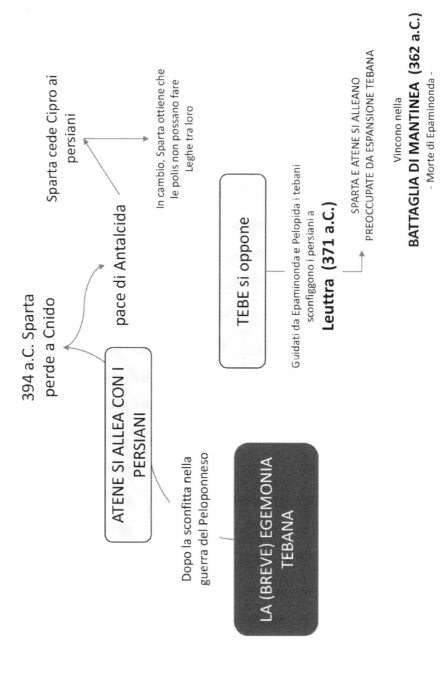

11. L'ascesa della Macedonia e l'impero di Alessandro Magno.

Per diversi secoli la Macedonia, territorio a **nord-est della Grecia**, era considerata un territorio quasi barbarico, abitato da contadini e governati da un unico re. A partire dal V secolo a.C., la Macedonia aveva iniziato ad avere contatti più frequenti con la Grecia, tanto da assorbirne alcune caratteristiche (tradizioni, usi e costumi) ed era stata alleata di Atene durante la Guerra del Peloponneso. Nel IV secolo a.C., dopo che le città greche avevano perso tanto del loro potere, la Macedonia iniziò invece a consolidare la propria autorità.

A far diventare la Macedonia un importante elemento nella geo-storia dell'Europa fu il **re Filippo II**, asceso al trono nel 359 a.C. La ricchezza macedone derivava soprattutto dalle miniere d'oro della Tracia, conquistate da Filippo, che gli permise di aumentare l'esercito.

Filippo aveva conosciuto Epaminonda e, una volta re, riformò l'esercito macedone ispirandosi alle tecniche militari del comandante tebano. La più significativa innovazione è la "falange macedone", organizzata in 1600 fanti su sedici file, dotati di *sarisse*, ovvero lance più lunghe; ai fianchi della fanteria si schierano i cavalieri, che hanno il compito di seguire i nemici in fuga ed eliminarli. Con l'ausilio di queste innovazioni, Filippo II riesce ad espandere rapidamente il proprio territorio, arrivando in Tracia e Beozia nel 346 a.C., fino a contrapporsi ad Atene. Nella città si contrapponevano di due fazioni: una pacifista filomacedone, l'altra radicale e totalmente avversa a Filippo, guidata dal filosofo e oratore Demostene (autore delle ***Filippiche***, orazioni di critica a Filippo). Nel tentativo di combattere i macedoni, Atene stringe un'alleanza con Tebe; ma alla **battaglia di Cheronea, nel 338 a.C.**, le forze ateniesi e beozie sono totalmente sconfitte dalle truppe macedoni guidate dal diciottenne Alessandro, figlio di Filippo II, e l'epoca delle *poleis* libere finì definitivamente.

Filippo riunì tutti i rappresentanti delle città greche a lui sottomesse e fondò la **Lega di Corinto** (con a capo la Macedonia) e iniziò a progettare un attacco alla Persia. Tuttavia, nel 336 a.C. fu assassinato da alcuni congiurati e il suo successore fu il figlio, Alessandro.

Alessandro Magno. La conquista della Persia (334 – 330 A.C.), conquista dell'Egitto e organizzazione dell'impero "universale". Spedizione in India, morte di Alessandro e disgregazione dell'impero.

Alessandro Magno (da *magnus*, **grande**, in latino) passò alla storia come un grande re, stratega, colto e illuminato. Aveva avuto come maestro personale il filosofo **Aristotele**, era stato educato alla maniera greca ed era un appassionato lettore dell'*Iliade*, di cui ammirava soprattutto la figura dell'eroe Achille. **Plutarco** racconta che Alessandro era sempre in prima fila dell'esercito, che comandava con coraggio e abilità strategiche.

Appena salito al trono, dovette tenere a bada Atene e Tebe che, alla morte di Filippo, si ribellarono alla Lega di Corinto. In pochi giorni Alessandro espugnò Tebe e la rase al suolo, vendendo i 30.000 abitanti della città come schiavi. Tutte le tendenze anti-macedoni si acquietarono e a Corinto fu richiamata una seconda assemblea, in cui ad Alessandro fu dato il comando supremo per una nuova spedizione contro i territori persiani. Così nel 334 a.C. un esercito composto da 30.000 soldati, 5.000 cavalieri e un gran numero di filosofi, cartografi, medici, scienziati e storici, voluti da Alessandro, partì dalla Grecia diretto in Persia, invadendo dapprima l'Asia Minore e liberando le città della Ionia.

Nel 333 a.C. Alessandro affrontò l'esercito del re persiano Dario III a Isso, in Cilicia. La battaglia fu vinta dai macedoni: Dario scappò, lasciando nelle mani di Alessandro il tesoro imperiale e tutta la sua famiglia. A quel punto il condottiero macedone decise di ignorare il re fuggito e di attraversare la Siria e la Fenicia, conquistando le regioni sulla costa. Nel 332 a.C. riuscì a entrare in Egitto, dove il popolo lo accolse come un liberatore, e dove fondò la città di **Alessandria**, arrivando anche a visitare l'oracolo di Amon nel deserto egiziano. Il re Dario III, che nel frattempo aveva ricomposto un esercito, provò a chiedere la pace ad Alessandro concedendogli i territori che aveva conquistato e tenendo i domini persiani ancora per sé; Alessandro, però, voleva conquistare tutta l'Asia e così rifiutò. I due eserciti si scontrarono a **Gaugamèla** nel 331 a.C.: i macedoni sconfissero nuovamente i persiani, Dario fuggì una seconda volta (fu poi ucciso da un suo stesso satrapo) e Alessandro conquistò Susa e Persepoli, distruggendo quest'ultima.

L'espansione di Alessandro Magno non si arrestò: proseguì nell'**Altopiano iranico**, colonizzando anche parte dell'odierna Afghanistan e giungendo ai confini con la Cina, sconfiggendo il re indiano Poro nella battaglia alla **valle del fiume Indo** nel 326 a.C.. Si era creato così l'**impero universale** di Alessandro Magno. Dopo aver percorso migliaia di chilometri, l'esercito e il re fanno ritorno a Babilonia, intitolata capitale. L'idea di Alessandro, per la gestione di questo enorme impero, era di favorire la fusione tra Greci e Persiani, in modo da poter gestire con dei collaboratori i territori anche più remoti. Dopo neanche tre anni, però, Alessandro si ammalò di una malattia sconosciuta (forse malaria) e morì prematuramente, nel momento in cui il suo regno era più vasto che mai.

Alessandro non aveva eredi viventi. Aveva sposato una donna orientale, Roxane, che era incinta al momento della sua morte; ma Alessandro aveva affidato il compito di governare al generale **Perdicca**, suo primo ministro. Alla morte del re, i **diadochi** ("successori", ovvero i generali macedoni) eliminano sia Perdicca, sia la famiglia di Alessandro, e dividono l'impero in regni autonomi, chiamati **regni ellenistici**: nascono così, circa nel 300 a.C., il regno di Macedonia, il regno di Pergamo, il regno di Siria, il regno di Battriana e il regno d'Egitto. Inizia così l'**Ellenismo**, ovvero la diffusione della cultura greca in tutti i territori che erano stati sotto il dominio macedone.

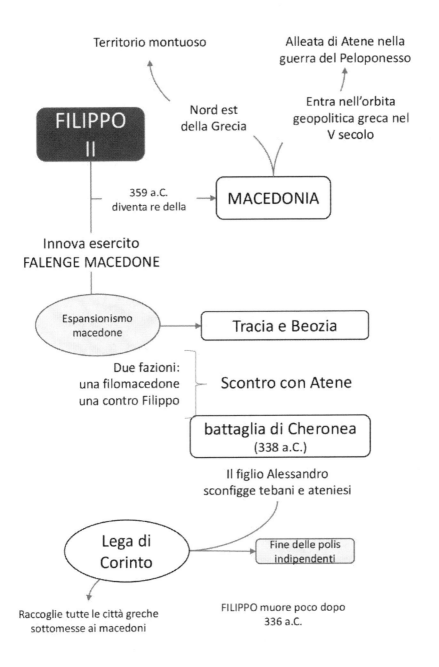

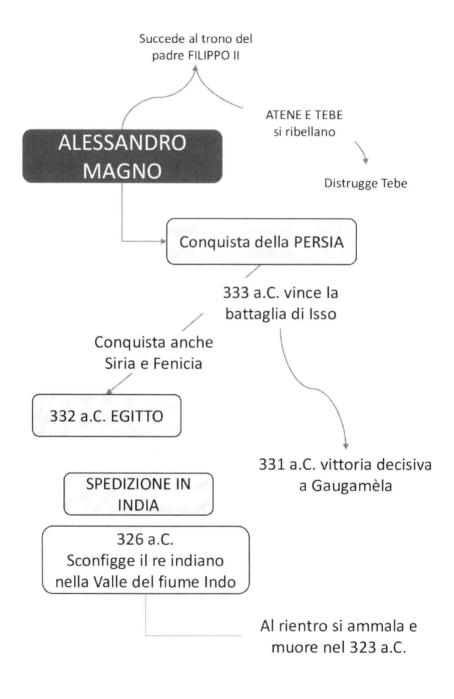

> Cosa succede alla morte di Alessandro Magno?

Vengono eliminati il generale Perdicca
e la famiglia di Alessandro

Rapida disgregazione dell'impero

5 regni

- Regno di Siria
- Regno di Battriana
- Regno d'Egitto
- Regno di Pergamo
- Regno di Macedonia

Perché è importante Alessandro Magno?

- **PRIMO IMPERO UNIVERSALE**
  - La capitale è a Babilonia (non in Grecia o Macedonia)
  - Realizza per la prima volta nella storia l'unificazione di popoli e culture diverse

- **Spartiacque tra Grecia classica ed Ellenismo**
  - Scompaiono le polis ma si diffondono le idee nate lì
    - Arti
    - Filosofia

- **Verranno riprese da impero romano**
  - (indirettamente) Carlo Magno

12. L'ellenismo

La morte di Alessandro è considerata uno spartiacque tra l'epoca classica e l'Ellenismo, nato così ufficialmente nel 323 a.C. Ellenismo vuol dire letteralmente "grecizzazione" ed ebbe un forte impatto da punti di vista politico, sociale e culturale.

Innanzitutto fu distrutta l'organizzazione sociale delle *polis*: il cittadino divenne un semplice suddito, sottoposto al sovrano, visto quasi come un dio. La società ellenistica vide una mescolanza di uomini greci e indigeni, dando vita a un mondo **cosmopolita**. Avvenne una "terza colonizzazione" e anche la religione ne risentì: fu un momento di **sincretismo religioso** (il termine "sincretismo" indica una fusione di dottrine diverse). Rimasero gli dèi dell'Olimpo, ma furono affiancati da altre divinità orientali come Serapide e Mitra, oltre che in generale da alcune dottrine religiose e da una nuova spiritualità più "interiore".

Ci fu una forte differenziazione da un punto di vista culturale tra il popolo sottomesso, che manteneva spesso le proprie tradizioni, e gli aristocratici orientali che, grecizzandosi, impararono il greco, conobbero gli scritti filosofi e poeti della Grecia classica, frequentarono il teatro greco. La lingua greca classica subì però una serie di trasformazioni per avvantaggiare questa fusione: scomparvero alcuni dialetti e fu inventato un linguaggio più standardizzato, detto *koinè*, ovvero "comune" (inteso come lingua comune, internazionale).

Da un punto di vista economico ci furono numerosi cambiamenti e innovazioni che, però, portarono a una maggiore disparità sociale, avvantaggiando soprattutto le vecchie aristocrazie locali. Aumentò la moneta in circolazione (grazie all'oro e all'argento persiano), furono introdotte nuove colture e inventati nuovi strumenti agricoli (o migliorati, come l'aratro di ferro); crebbe il bisogno della manodopera servile, che, a causa delle lunghe guerre, sicuramente non mancava.

Da un punto di vista culturale, l'Ellenismo fu un periodo di nascita di moltissimi centri culturali. Ad Atene restarono attive le più grandi **scuole filosofiche** dell'epoca, come l'**Accademia di Platone**, il **Liceo di Aristotele**, a cui si aggiunsero le scuole di **Epicuro** e **Zenone**. Biblioteche e centri di studio furono fondate ad **Alessandria, Antiochia** e **Pergamo**. Ad Alessandria fu inaugurato il Museo e la leggendaria Biblioteca dai Tolemei. Tra il IV e il III secolo a.C. la scrittura divenne essenziale non più solo per i commerci e gli scambi, ma anche per la letteratura e la conservazione del patrimonio storico, artistico e letterario. Avvennero anche una serie di importanti scoperte scientifiche: **Erofilo** ed **Easistrato**, entrambi di Alessandria, nel III secolo a.C. fecero progredire le conoscenze di anatomia umana, dissezionando per la prima volta un corpo. **Euclide** (330-260 a.C.) scrisse il trattato *Elementi* sulla geometria e sulla matematica; **Aristarco di Samo** (310-230 a.C.) introdusse per la prima volta un accenno di teoria **eliocentrica**; **Eratostene di Cirene** (273-192 a.C.) riuscì a calcolare approssimativamente la circonferenza della Terra (calcolò 44.000 chilometri, noi oggi sappiamo che è 40.000, quindi i suoi calcoli furono abbastanza precisi, considerando la strumentazione dell'epoca). Infine, in fisica e in matematica **Archimede di Siracusa** (287-212 a.C.) studiò il piano inclinato, il galleggiamento dei corpi e la leva, progettando anche la "vite di Archimede", un sistema per sollevare l'acqua del Nilo.

Nel periodo Ellenistico aumenta il conflitto con la potenza romana. In particolare, i Romani avevano conquistato una parte della Magna Grecia nella guerra di Pirro e dato inizio a una serie di guerre romano-macedoniche, entrando così in contatto con la popolazione ellenica e restandone profondamente influenzati. Moltissimi cittadini ellenici furono portati a Roma (alcuni venduti come schiavi) e opere d'arte e oro furono presi come bottino di guerra. La cultura ellenica fu promossa a Roma soprattutto dagli **Scipioni**, che fondarono un **circolo** intellettuale dedicato alla lettura e discussione di testi e poesie greche; al contrario, alcuni esponenti dell'aristocrazia romana si dichiarano totalmente opposti a questa fusione culturale, restando tradizionali, come Marco Porcio Catone. I numerosi punti di contatto tra Roma e Grecia, comunque, favorisce questa fusione culturale: i Romani prendono dai Greci la religione (gli dei Greci e Romani sono gli stessi, ma con nomi diversi), l'arte, l'alfabeto (quello latino è una variante del greco), così come anche miti e leggende.

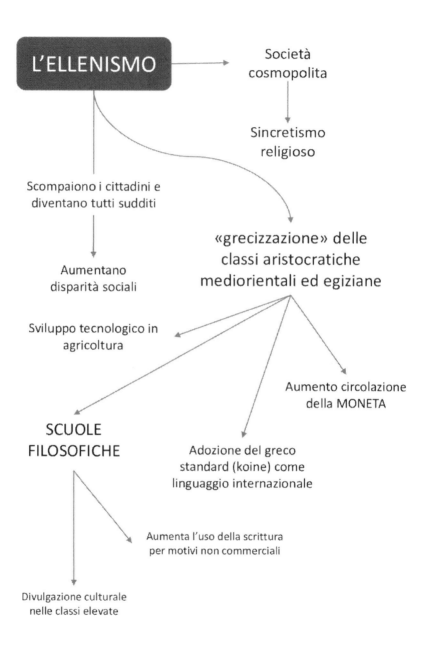

SECONDA SEZIONE

IL MONDO ROMANO, DALLE ORIGINI ALLA CADUTA DELL'IMPERO D'OCCIDENTE

1. L'ITALIA ANTICA

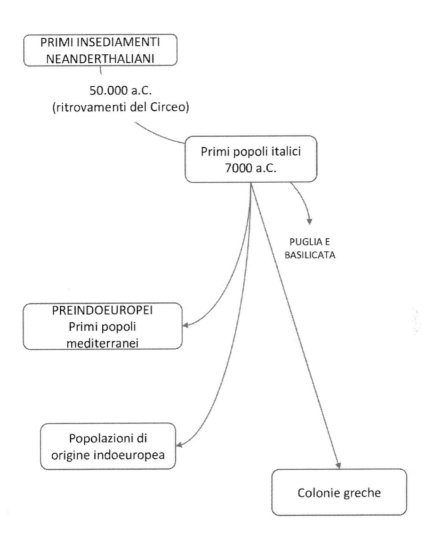

1. L'ITALIA ANTICA
1.1 Dalla preistoria alle popolazioni preromane

Notizie sui popoli italici ci provengono sia dalle fonti degli autori romani che dalle scoperte archeologiche. Nei testi degli autori romani, però, le popolazioni italiche non romane erano considerate come inferiori e barbariche; in realtà, grazie agli scavi archeologici si è scoperto che molte popolazioni pre-romaniche erano invece ben organizzate.

La presenza dell'uomo in Italia è datata già dal 50.000 a.C., come attestato dal ritrovamento dei resti di uomini di Neanderthal in Lazio, in una grotta a San Felice Circeo. Il sud Italia, e in particolare la Basilicata e la Puglia, erano abitate nel 7000 a.C. e, negli anni immediatamente successivi, sappiamo che esistevano già una serie di villaggi e insediamenti anche nel centro Italia. Nel III millennio a.C. le popolazioni italiche del mezzogiorno impararono a lavorare il metallo e ad avere scambi commerciali con gli altri villaggi, ma anche con le città costiere dell'Asia Minore.

Le prime popolazioni **mediterranee** furono:

- i **Liguri**, che erano stanziati tra l'Appennino tosco-emiliano e il nord Italia;
- i **Sardi**, che occuparono quasi tutta la Sardegna;
- gli **Elimi** che erano stanziati in Sicilia occidentale;
- gli **Etruschi** che invece erano in Toscana, Umbria, Lazio settentrionale.

Queste popolazioni costruivano le loro abitazioni su stagni, laghi e paludi, ma anche sulla terraferma, fabbricando palafitte e terramare, tanto da prendere il nome di civiltà terramaricola. Nel 1000 a.C. circa, nel territorio dove adesso si trova la città di

Bologna, si sviluppò il villaggio di **Villanova**, i cui abitanti vivevano in capanne, in insediamenti ben organizzati, e si occupavano principalmente della lavorazione dei metalli. In Sardegna, invece, nasce e cresce la civiltà **nuragica**, cioè di coloro che vivono nei **nuraghi** (delle torri a forma di cono tronco costituite da blocchi di pietra uniti a secco; il villaggio si sviluppava attorno al nuraghe, che forse aveva una funzione difensiva), dalla profonda conoscenza della lavorazione dei metalli. La popolazione sarda è divisa tra pastori/contadini e i guerrieri. Altri popoli indoeuropei, provenienti dalla Dalmazia, si stabilirono nel nord Italia: erano i **Veneti** e gli **Japigi**, stabilitisi rispettivamente nel nord-est dell'Italia e in Puglia.

Preindoeuropei – mediterranei		
Etruschi	Toscana – alto Lazio- Emilia - Umbria	Principale potenza italica. Influenza gli albori di Roma con cui perdono. La cultura etrusca confluisce in quella romana.
Sardi	Sicilia	Origine incerta, forse iberica
Liguri	Liguria e Marsiglia – Mix con i celti	Dal II millennio alla conquista romana (II sec a.C.)
Sicani	Prima popolazione dell'isola	Origine e datazione incerta
Reti	Trentino e Alto Adige	VI-I secolo a.C.

Indoeuropei		
Latini	Nel Lazio-centromeridionale Dal II millennio -	Origine latina di Roma che conquista tutte le diverse tribù
Lucani	Basilicata e Calabria	Ceppo italico, origine osca V-III secolo a.C. In conflitto con romani e greci
Apuli	Puglia centro-settentrionale	Contemporanei dei romani, spesso si allearono con loro. L'Apulla divenne provincia romana nel I sec. a.C.
Campani	Campania antica (Capua e dintorni – Campani deriverebbe da Capua)	Gruppo osco – primo millennio a.C., in conflitto con i greci e successivamente assorbiti dai romani
Siculi	Sicilia – popolazione locale trovata dai greci	Dal X secolo a.C. città più importante Siracusa, ultime tracce nel IV secolo a.C.

Sanniti	Abruzzo e Campania interna (area ancora oggi conosciuta come Sannio)	Dal I millennio a.C. – origine osco-umbra – perdono guerre contro i romani nel IV sec. a.C.
Osci	Campania interna	Dal I millennio – sconfitti prima da greci e poi da sanniti
Sabini	Tra reatino e aquilano – derivano dagli Umbri Elementi sabini sono anche nel primo nucleo di Roma (re sabini: Numa Pompilio e Tuttio Ostilio)	Insediamento nel I millennio - Vengono sconfitti dai romani ne ottennero la cittadinanza nel 268 a.C.

1.2 Etruschi

La popolazione che più di tutti lasciò un segno da un punto di vista storico e archeologico furono gli **Etruschi**, chiamati **Tirreni** dai Greci ed **Etruri** o **Tusci** dai Romani.

Ciò che sappiamo su di loro ci è stato trasmesso soprattutto dalle iscrizioni e dalle pitture nelle **tombe**, oltre che da alcune opere romane che, profondamente influenzate dagli Etruschi, ne riferirono o rappresentarono le usanze e o costumi.

Gli Etruschi si diffusero dapprima in Toscana nel IX secolo a.C., poi estesero il proprio territorio in Pianura Padana fondando alcune città come **Felsina** (Bologna), **Mantova** e **Piacenza**, arrivando a occupare e governare perfino Roma tra il VII e VI secolo. Solo le città di **Cuma** e **Napoli** arrestarono l'invasione etrusca verso il sud. Il popolo etrusco, che pur era riuscito a espandersi notevolmente, iniziò il periodo di declino tra il VI e il V secolo. Due date segnato l'arretramento etrusco nella penisola italica:
- Il 509 a.C., quando i re di origine etrusca furono cacciati da Roma,
- 474 a.C. quando la flotta fu distrutta a Cuma dai siracusani.

L'Etruria fu definitivamente conquistata dai Romani tra il IV e il III secolo a.C.

Il popolo etrusco era diviso in città-stato: le più celebri sono state **Tarquinia, Chiusi, Vulci, Veio, Cerveteri** (all'epoca **Cere**), **Perugia, Cortona, Arezzo, Volterra, Fiesole**.

Il governo delle città etrusche mutò nel tempo.

In origine, il sovrano, detto **lucumone**, era eletto a vita e amministrava il potere giudiziario e militare assieme a un consiglio di anziani. Nel VI secolo a.C. lo stato divenne una **repubblica di tipo aristocratico** retta da magistrati (detti **zilhat** e

maru) che venivano eletti attualmente. Pur non essendo un unico stato, gli Etruschi fondarono una confederazione di dodici città che si riuniva ogni anno vicino al lago di Bolsena, nel santuario del dio Voltumna.

Il popolo etrusco era diviso in schiavi e liberi; lavorava principalmente il metallo e praticava l'agricoltura e l'artigianato, trattando soprattutto la **ceramica**. Sviluppò una alta specializzazione nella produzione e nella decorazione vascolare, in particolare nella realizzazione dei **buccheri**, delle brocche di ceramica nera chiuse con coperchi a forma antropomorfa o zoomorfa. Sulla religione, gli Etruschi erano politeisti e veneravano delle divinità antropomorfe di derivazione greca (**Zeus** divenne **Tinia, Era** prese il nome di **Uni, Atena** fu chiamata **Minerva** – nome adottato poi anche dai Romani -, **Ermes** era **Turms** e così altri). Furono gli Etruschi a diffondere la pratica della **divinazione**, cioè della predizione del futuro attraverso l'osservazione del volo degli uccelli o del fegato degli animali morti durante un sacrificio, elemento che verrà fatto proprio dai romani.

Espansione e declino – principali fatti bellici

Poiché la maggior parte delle fonti sugli Etruschi sono state scritte da fonti romane e greche, le informazioni sulle loro battaglie sono limitate e spesso non precisamente datate. Principali avversari degli Etruschi furono i greci dell'Italia meridionale e i romani, su cui esercitarono (nel periodo dei re Tarquini) anche una lunga fase di egemonia ma dai quali furono successivamente sconfitti. Gli Etruschi furono in parte assimilati dai romani ma in parte a loro volta ne influenzarono la cultura e i costumi.

Alcune delle più importanti battaglie degli Etruschi che sono state registrate nella storia includono:

La battaglia di Alalia (535 a.C. circa): Gli Etruschi e i Cartaginesi hanno combattuto contro i Greci per il controllo delle isole della Corsica e della Sardegna. La battaglia si è conclusa con una vittoria dei cartaginesi e degli Etruschi, che hanno costretto i Greci ad abbandonare le isole.

La battaglia di Populonia (498 a.C. circa): gli Etruschi hanno combattuto contro i Greci per il controllo della città portuale di Populonia. La battaglia si è conclusa con una vittoria degli Etruschi, che hanno mantenuto il controllo della città.

La battaglia di Cuma (474 a.C.): gli Etruschi affrontano, al largo di Cuma, la flotta siracusana di Ierone I, che ebbe la meglio nello scontro. I siracusani fermano così definitivamente l'espansione etrusca nella Magna Grecia. Della difficoltà etrusca traggono beneficio sia i romani che i sanniti e i galli.

La battaglia di Veio (396 a.C. circa): Gli Etruschi hanno combattuto contro i Romani per il controllo della città di Veio. La battaglia si è conclusa con una vittoria dei Romani, che hanno conquistato la città e hanno iniziato a espandere il loro potere nell'Etruria.

La battaglia di Fiesole (283 a.C. circa): Gli Etruschi hanno combattuto contro i Romani in una battaglia decisiva per il controllo dell'Etruria. La battaglia si è conclusa con una vittoria dei Romani, che hanno consolidato il loro potere nella regione.

Questa vittoria ha permesso ai Romani di consolidare il loro potere nella regione e di iniziare ad espandere il loro dominio sull'Italia centrale.

In generale, gli Etruschi hanno continuato a resistere ai Romani per molti anni dopo la battaglia di Fiesole, ma la loro potenza è stata sempre più indebolita dalle continue guerre e dalle continue conquiste romane. Nel corso del III secolo a.C. gli Etruschi furono incorporati nel dominio romano e hanno perso la loro indipendenza. Tuttavia, la loro cultura e la loro eredità sono sopravvissute e hanno continuato a influenzare quella romana

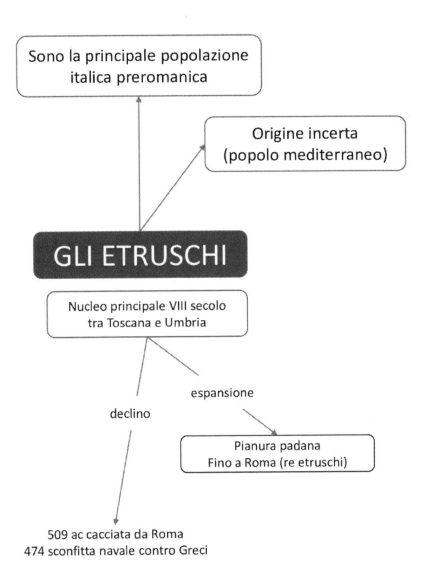

DATE E FATTI DI RILIEVO

VI secolo a.C: massima espansione

535 a.C. — **Battaglia di Alalia** — È nello stesso periodo in cui a Roma ci sono i re etruschi

Etruschi e Cartaginesi sconfiggono i Greci e li costringono ad abbandonare Corsica e Sardegna

498 a.C. — **Battaglia di Populonia**

Gli Etruschi sconfiggono i Greci e conservano il controllo della città di Populonia

396 a.C. — **Battaglia di Veio**

Gli Etruschi sono sconfitti dai Romani, che prendono il controllo della città e iniziano l'espansione in Etruria

283 a.C. — **Battaglia di Fiesole**

I Romani sconfiggono gli etruschi e prendono il controllo dell'Etruria

1.3 I Sanniti

I Sanniti erano un popolo italico che viveva nella regione dell'odierna Campania e in parti di Basilicata, Abruzzo e Molise. Si pensa che i Sanniti discendessero dai Frentani, un altro popolo italico, e che parlassero una lingua appartenente alla famiglia delle lingue indoeuropee.

I sanniti erano un popolo guerriero e indipendente, noto per l'abilità nell'uso delle armi. Nel corso della loro storia, i Sanniti combatterono contro molti avversari, tra cui i Romani, con cui intrattennero rapporti spesso conflittuali.

I sanniti sono stati un importante elemento della storia antica dell'Italia, e hanno lasciato un segno duraturo nella regione in cui vivevano. Oggi, la parola "sannita" viene ancora utilizzata per indicare i residenti delle aree in cui i Sanniti una volta abitavano.

Date e fatti principali

1000 a.C. circa insediamento in Campania e Abruzzo. Entrarono in conflitto sia con gli Etruschi che, successivamente, i romani.

IV-III secolo a.C.: i Sanniti combattono contro i romani nella guerra sannitica, che dura fino al 290 a.C.

III secolo a.C.: i Sanniti si alleano con i romani nella guerra contro i Cartaginesi, che porta alla vittoria romana e alla fine della guerra.

89 a.C.: i Sanniti combattono contro i romani nella guerra sociale, che si conclude con la vittoria dei Romani e l'annessione definitiva della regione dei sanniti.

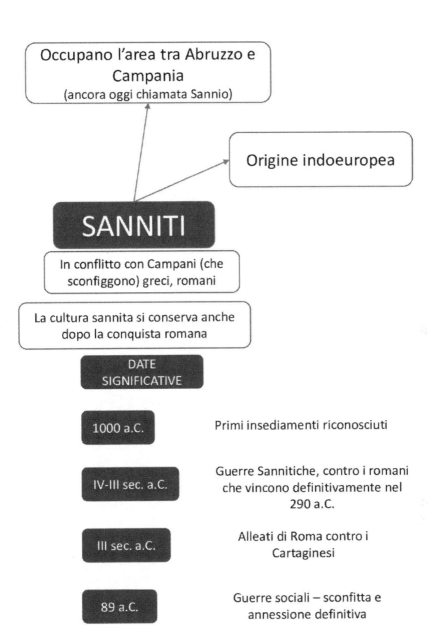

1.4 La Magna Grecia

La colonizzazione greca dell'Italia meridionale, nota anche come colonizzazione *magna graecia*, è avvenuta in diverse fasi a partire dal VIII secolo a.C. e si è protratta per circa tre secoli.

Quando si parla di Magna Grecia si fa riferimento ad insediamenti successivi di colonie che non si unirono mai tra loro in un unico stato, replicando così il modo della madrepatria, ma costituirono un omogeneo gruppo etnico, culturale, religioso, nell'ambito nel mezzogiorno italico.

La prima fase della colonizzazione greca in Italia meridionale ha visto la fondazione di nuove colonie in Puglia, Calabria e Sicilia da parte di città della Grecia continentale come Corinto e Megara, nonché di isole come Chio e Samo. In questa prima fase, le colonie greche in Italia meridionale erano principalmente commerciali e si trovavano principalmente lungo la costa.

La seconda fase della colonizzazione greca in Italia meridionale è stata caratterizzata dalla fondazione di nuove colonie da parte di città della Grecia insulare, come Atene e Rodi. In questa fase, le colonie greche si sono diffuse anche nell'entroterra e hanno iniziato a interagire con le popolazioni indigene, instaurando alleanze commerciali e militari.

La terza fase della colonizzazione greca in Italia meridionale è stata caratterizzata dallo sviluppo di alcune delle più importanti colonie greche in Italia, come Taranto e Crotone, e dallo sviluppo di una vera e propria cultura mista greco-italica. In questa fase, le colonie greche in Italia meridionale hanno anche iniziato a entrare in conflitto tra loro e con le popolazioni indigene, in particolare con i Lucani e i Bruzi.

La colonizzazione greca dell'Italia meridionale ha avuto un profondo impatto sulla regione, portando al diffondersi della cultura e della lingua greche e allo sviluppo di una società mista di tipo ellenistico. Tuttavia, la colonizzazione greca dell'Italia meridionale è stata anche fonte di conflitti e tensioni, sia con le popolazioni indigene che tra le diverse colonie greche.

La cultura della Magna Grecia era fortemente influenzata dalla cultura greca, poiché i coloni greci hanno importato molte delle loro tradizioni e dei loro valori nella regione. I coloni greci hanno anche fondato città modellate sui loro insediamenti in Grecia, con agorà, teatri e santuari dedicati agli dei greci. Eppure, a partire dalla cultura originaria, la Magna Grecia ha anche sviluppato una propria unicità, grazie alle influenze delle culture locali e delle tradizioni dei popoli indigeni.

Ad esempio la sua produzione di ceramiche, vasellame, bronzi e metalli, trovava fondamento nella tradizione che veniva dalla Grecia poi ebbe uno sviluppo autonomo e originale.

Anche la letteratura e la filosofia erano molto sviluppate nella Magna Grecia, con scrittori e filosofi come Alcmeone di Crotone, Pitagora, Empedocle e Filolao.

La Magna Grecia ha giocato un ruolo fondamentale nella storia della cultura occidentale, poiché contaminò – prima della madrepatria- la cultura etrusca e romana.

La Magna Grecia ha continuato ad esistere fino al III secolo a.C, quando è stata gradualmente conquistata dai Romani. Tuttavia, l'eredità della Magna Grecia è sopravvissuta nella cultura e nell'arte dell'Italia meridionale, e ancora oggi si possono vedere molte tracce della sua influenza nell'architettura, nell'arte e nell'arte della ceramica di questa regione.

Date e fatti principali

VIII secolo a.C.: Inizio della colonizzazione greca dell'Italia meridionale. In questa prima fase, vengono fondate le prime colonie greche in Puglia, Calabria e Sicilia da parte di città della Grecia continentale come Corinto e Megara, nonché di isole come Chio e Samo.

V secolo a.C.: In questa fase, vengono fondate nuove colonie greche in Italia meridionale da parte di città della Grecia insulare, come Atene e Rodi. Inoltre, vengono fondate alcune delle più importanti colonie greche in Italia, come Taranto e Crotone.

III secolo a.C.: In questo periodo, la Magna Grecia è al massimo della sua potenza e prosperità, ma inizia anche a entrare in conflitto con le popolazioni indigene e con le altre colonie greche, fino ad una progressiva incorporazione da parte della crescente potenza romana. L'incorporazione avviene in più momenti, i due principali sono: le guerre di Pirro e poi la guerra cartaginese.

Dopo la seconda guerra cartaginese, si accelera il processo di assimilazione da parte dei romani che saranno a loro volta (complice anche l'espansione in oriente) influenzati dalla cultura e dalla filosofia ellenica.

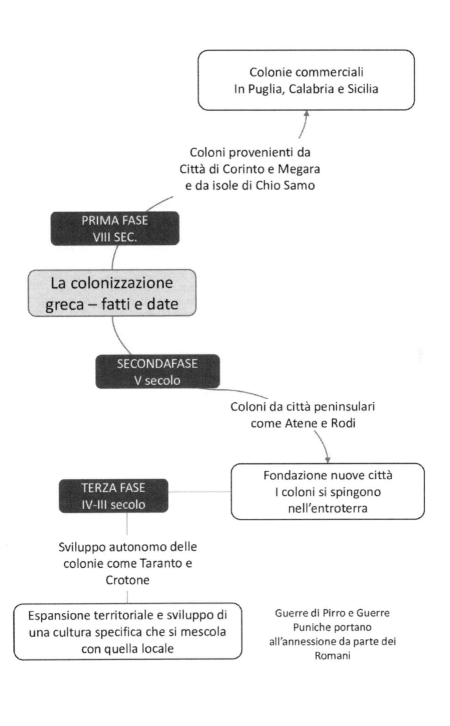

2. LA NASCITA DI ROMA

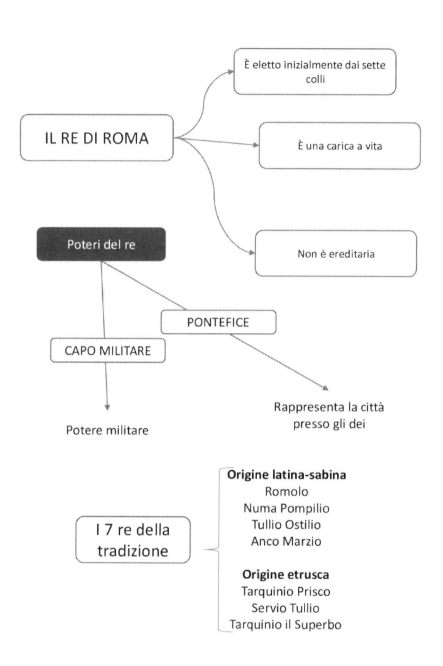

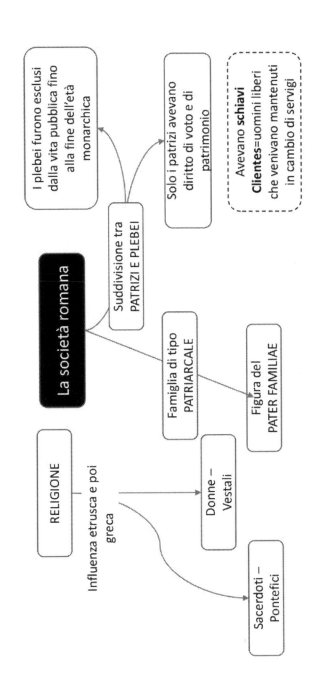

2. LA NASCITA DI ROMA

La versione più conosciuta della nascita di Roma viene dalla leggenda dei gemelli Romolo e Remo, discendenti di Enea di Alba Longa e Lavinio. Nella contesa per la corona, Romolo ottiene la benedizione divina e traccia così i confini della città il 21 aprile del 753 a.C.

Le varie scoperte archeologiche ci hanno svelato il contesto della nascita di Roma da un punto di vista non mitologico, ma storico. Furono infatti i **Latini**, una popolazione di origine indoeuropea, che iniziarono a stanziarsi nel territorio, che era particolarmente appetibile grazie alla sua posizione comoda al fiume **Tevere**, che con i suoi oltre 400 chilometri univa la costa del Tirreno agli Appennini e permetteva il commercio di varie merci, tra cui il preziosissimo sale. Poco oltre il punto in cui il Tevere si incontrava con il fiume Aniene si sviluppavano sette colli, e ogni colle presentava dei villaggi: il **Quirinale** e il **Viminale**, l'**Aventino** e il **Celio**, l'**Esquilino** e il **Campidoglio** e il **Palatino**. Su quest'ultimo sono stati ritrovati resti di insediamenti datati X-IX secolo a.C. e anche resti di ceramiche greche dell'VIII secolo a.C. Tra l'VIII e il VII secolo a.C. i villaggi dei colli Palatino, Esquilino, Celio e Viminale e poi tutti gli altri si unirono e formarono un unico nucleo fortificato per difendersi dalle popolazioni limitrofe, creando così una **Lega** detta **Settimonzio**. Dopo aver stabilito anche delle regole religiose e militari, si elesse un **rex**, un capo. Il popolo si manteneva grazie ad agricoltura e pastorizia; inizialmente si praticava il baratto con il supporto di pezzi di bronzo informali (aes signatum), usati da mercanti privati. Solo nel IV secolo a.C. lo Stato produsse le prime monete in bronzo (aes grave=asse), ispirandosi alle monete circolanti in Campania. Il nome **pecunia**, con cui era conosciuto il denaro romano, deriva dalla parola "pecus" e cioè "gregge", perché l'allevamento era la risorsa romana più redditizia.

2.1 Roma monarchica

Il rex romano, che era in carica a vita, era il rappresentante della città davanti agli dei e, inoltre, comandava l'intero esercito (*imperium*). Proteggeva la popolazione e puniva i reati, amministrava il patrimonio ed emanava leggi. Il periodo monarchico di Roma durò circa 250 anni, perché l'ultimo rex romano fu deposto dal popolo nel 509 a.C. La storia tradizionale ricorda sette rex benché, quasi sicuramente, ne fossero stati molti di più: **Romolo, Numa Pompilio, Tullo Ostilio, Anco Marzio** (di origine latino-sabina), **Tarquinio Prisco, Servio Tullio e Tarquinio il Superbo** (di origine etrusca).

I primi quattro rex romani sono ricordati soprattutto per la creazione di istituzioni e per il consolidamento dei confini. Secondo la tradizione, Romolo fondò le prime istituzioni giuridiche, politiche e militari, introducendo il matrimonio monogamico e rese i terreni proprietà privata di ogni capofamiglia, che poteva darlo in eredità ai figli. Numa Pompilio introdusse il culto di Giano e istituì i primi collegi sacerdotali; stabilì, inoltre, il calendario "numano", di 12 mesi e 355 giorni, in cui si teneva anche traccia delle feste della repubblica. Tullo Ostilio invece si dedicò principalmente all'attività militare, conquistando Alba Longa. La tradizione militare fu portata avanti anche da Anco Marzio, che fondò la colonia di Ostia sulle coste del Lazio; inoltre, il rex fece costruire il primo ponte sul Tevere, il Sublicio.

I re successivi furono di origine etrusca, perché molti Etruschi si mossero verso Roma quando la città divenne fiorente. Gli Etruschi erano abili architetti e ingegneri, costruivano acquedotti, case, canali; ma, soprattutto, divinavano il futuro osservando le viscere e il volo degli uccelli, dato fondamentale per i romani che da sempre consultavano gli dei prima di ogni azione. Così gli Etruschi entrarono a far parte della società romana e pian piano ne presero il controllo. Il primo re etrusco, Tarquinio Prisco, fece costruire il tempio di Giove Capitolino, il Circo Massimo e la Cloaca Massima (una prima rete di fognature). Servio Tullio, secondo rex etrusco, fece costruire le mura serviane e portò a 300 il numero di senatori romani, introducendo anche delle assemblee (chiamate "comizi centuriati") in cui potevano partecipare anche i cittadini (in base al proprio stato economico). Infine, l'ultimo re, Tarquinio il Superbo, è ricordato come un tiranno crudele, che con le sue azioni portò alla caduta della monarchia.

2.2 La società romana e il "periodo etrusco"

La società romana era divisa in **patrizi** e **plebei**. Di questi, solo i primi avevano diritti di cittadinanza e potevano aspirare a diventare magistrati e senatori, sacerdoti e partecipanti della vita religiosa. La plebe, invece, non possedeva delle proprie terre ed erano considerati come stranieri e fino alla fine dell'epoca monarchica furono esclusi dalla vita pubblica. Oltre a queste due categorie, esistevano anche i **clienti**, ovvero delle persone protette da un patrizio (detto **patrono**). I clienti erano agli ordini del patrono, offrivano servizi di vario tipo (anche di milizia personale) e contribuivano economicamente ad alcune spese del patrono, come la dote per le figlie offerte in moglie. In cambio di questo assoggettamento ricevevano vari benefici e regalie (donde il termine "clientelare"). Anche Roma aveva gli **schiavi**: proprietà del padrone, oggetti, beni materiali, schiavi per nascita o per destino; potevano, però, anche riuscire a riconquistare la libertà, per gratitudine del padrone, per denaro o per pagamento di un altro uomo libero. Una volta liberati, gli schiavi venivano chiamati **liberti**. Alcuni, soprattutto in età imperiale, assunsero a cariche pubbliche o ebbero comunque una notevole influenza sulle vicende storiche del loro tempo.

La famiglia era sottomessa al **pater familias**: mogli, figli e nipoti, ma anche figli adottivi e schiavi. Il capofamiglia esercitava sui figli la **patria potestas**, un potere assoluto. Il matrimonio romano era monogamico e solo il marito poteva chiedere il divorzio (che si configurava come ripudio della donna), secondo delle leggi precise: in caso di adulterio della moglie (in alternativa, il marito aveva il diritto di ucciderla); l'aborto procurato senza il permesso del marito; il furto delle chiavi della cantina, dove era conservato il vino, bevanda vietata alle donne.

Ad avere contatto diretto con gli dèi, molto diversi da quelli greci, erano soprattutto i **pontefici**, nome che deriva da "pons", ovvero ponte, e "facere", ovvero fare": questo perché la costruzione dei ponti era considerato un vero e proprio rito sacro, come del resto sacro e divino era il Tevere. I Romani non tramandavano miti e leggende sugli dèi: la cosa più importante della religione era di interpretare i segni e le volontà divine, in modo da captare gli auspici e comportarsi di conseguenza. Esisteva un solo sacerdozio femminile, le **vestali**, ovvero le sacerdotesse di Vesta, nobili e caste, il cui compito era di custodire il fuoco nel tempio, considerato il nucleo della città e dell'eternità di Roma. Un testo fondamentale erano i **Libri Sibillini**, che contenevano gli oracoli pronunciati dalla Sibilla di Cuma, profetessa di Apollo.

2.3 I sette re di Roma secondo la tradizione

Romolo (753 -713 a.C.)
Numa Pompilio (713-670 a.C.)
Tullo Ostilio (670-638 a.C.)
Anco Marzio (638-616 a.C.)
Tarquinio Prisco (616-578)
Servio Tullio (578-534)
Tarquinio il Superbo (534-509)

3. ROMA REPUBBLICANA

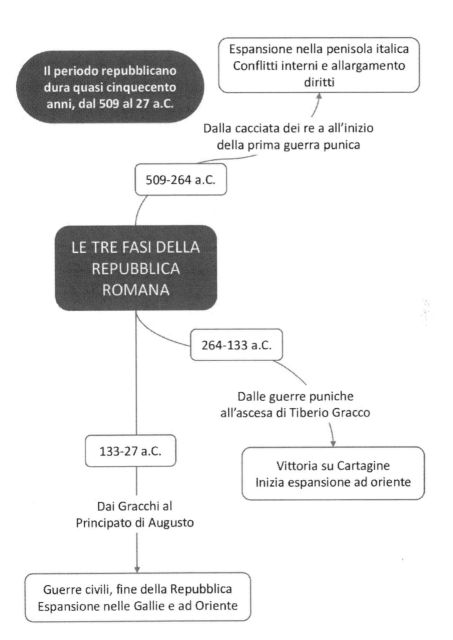

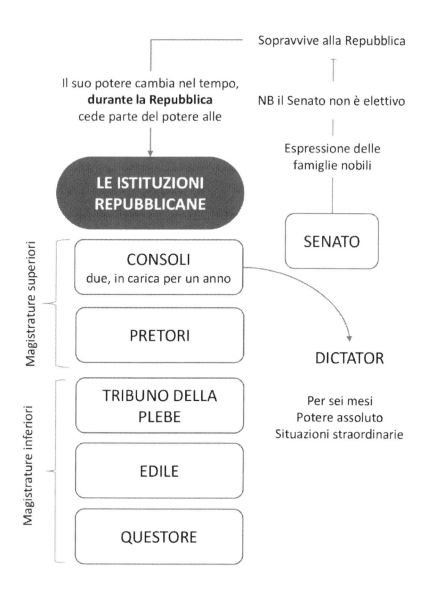

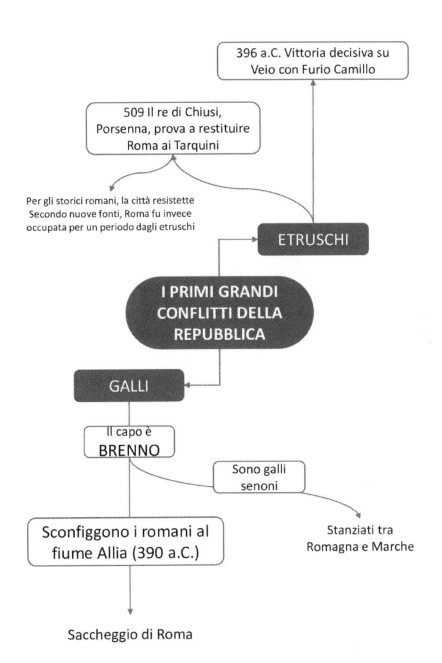

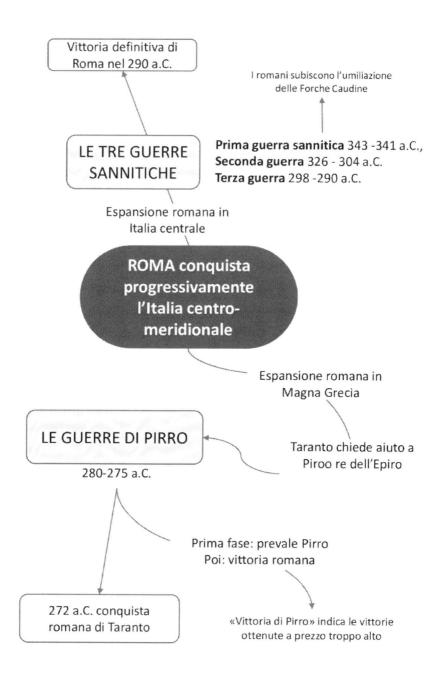

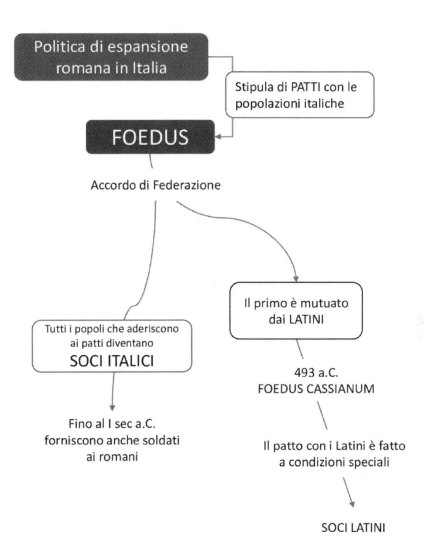

3. ROMA REPUBBLICANA

3.1 Le fasi della repubblica romana

La Repubblica romana ebbe inizio nel 509 a.C., con la fine della monarchia e la creazione di un sistema di governo repubblicano. La storia della Repubblica romana può essere suddivisa in tre fasi:
La prima fase (509-264 a.C.) è caratterizzata dalle lotte tra le varie classi sociali, con la nascita delle magistrature e la creazione di un sistema di leggi e di un esercito permanente. In Questa fase Roma si espande nella penisola italiana fino a diventarne progressivamente la potenza egemone.
La seconda fase (264-133 a.C.) è caratterizzata dalle guerre puniche che portano prima alla conquista della Sicilia e poi al controllo del Mediterraneo occidentale. Si intensificano poi i conflitti con gli altri popoli vicini fino all'espansione in oriente.
La terza fase (133 a.C.-27 a.C.) è caratterizzata dalla crisi del sistema repubblicano, con la nascita di una oligarchia di ricchi proprietari terrieri e la crescente influenza dei generali militari sulla politica. Contestualmente, la potenza militare porta alla conquista pressoché totale delle sponde del mediterraneo e delle Gallie, fino all'isola britannica.
La Repubblica romana terminò nel 27 a.C. con l'ascesa al potere di Cesare Augusto e la creazione dell'Impero romano.

3.2 Istituzioni repubblicane.

La repubblica romana fu istituita nel 509 a.C., con la cacciata di Tarquinio il Superbo dal trono. La tradizione dice che il figlio del re violentò la moglie dell'aristocratico Tarquinio Collatino, Lucrezia. Dopo il suicidio della donna a seguito del torto subito, l'ultimo re etrusco fu deposto e iniziò il periodo di Roma repubblicana. Al di là della tradizione, sappiamo che per molto tempo non tutti rinunciarono alla monarchia e provarono a restaurarla, finché un colpo di Stato dei nobili non introdusse il **consolato**, che permetteva di governare la città al gruppo e impediva a qualcuno di prendere il potere in solitaria. Il potere andò quindi nelle mani dei patrizi e i primi anni della repubblica furono costellati di conflitti tra patrizi e plebei.

Il consolato era formato da due **consoli** la cui carica durava un anno. Durante questo periodo, i consoli godevano di pieni poteri e non dovevano dar conto agli elettori. Possedevano 12 guardie del corpo (i **littori**), comandavano l'esercito, presiedevano i **comizi popolari** e controllavano tutte le attività pubbliche a eccezione di quelle religiose. Solo nelle situazioni di emergenza i consoli potevano affidare il potere a un unico individuo, in carica per sei mesi, un magistrato nominato dal senato e chiamato **dittatore.**

Altre magistrature affiancano i consoli nel potere. Per esempio, gli **edili** sovrintendevano i mercati e si occupano dell'approvvigionamento della città, ma si occupavano anche di organizzare gli spettacoli, di controllare la manutenzione delle strade e far rispettare l'ordine pubblico. I **questori** amministravano il denaro versato dai contribuenti, mentre gli **edili della plebe** gestivano il patrimonio della plebe. I **pretori** si occupavano degli aspetti giuridici, mentre i **censori** facevano il censimento della popolazione e controllavano la moralità.

Il Senato romano era composto da trecento membri e aveva il compito di coadiuvare i magistrati nelle scelte delle operazioni militari, concludeva gli accordi diplomatici e stabiliva le condizioni in caso di vittoria dopo i conflitti. Si occupava, inoltre, di riorganizzare i territori conquistati e anche esercitava un forte potere religioso: in particolare, stabiliva quali culti religiosi potevano essere ammessi.

Altre istituzioni romane erano:

- i **comizi centuriati**, che eleggevano consoli, censori e pretori, potevano decidere per la pena di morte ai cittadini e avevano potere decisionale sulle leggi emanate dai magistrati;
- i **comizi tributi** che eleggevano le figure degli edili, questori e tribuni della plebe; i **concili tributi** che riuniscono i plebei.

Le cariche pubbliche potevano essere assunte secondo una scala sequenziale, detta *cursus honorum*.

Si iniziava con dieci anni di servizio militare; carica a cui si poteva aspirare: tribuno militare.

Dopo il periodo militare, verso i 25 anni, si poteva accedere alle **magistrature civili inferiori**: questore (grado più basso), edile, tribuno della plebe. Il tribunato della plebe non era un passaggio obbligato ma era considerato molto importante per chi veniva dai ceti popolari. In alcune fasi della Repubblica, rappresentò un punto di bilanciamento rispetto ai patrizi.

Magistrature civili superiori: pretori, consoli. Il consolato era la carica più alta e inizialmente non poteva essere ricoperta per due mandati di seguito, ma nella terza fase della Repubblica si derogò sempre più a questo principio.

3.3 Conflitto con Etruschi e Galli.

La cacciata dei Tarquini da Roma, portò alla reazione etrusca che si concretizzò nel tentativo di Re Porsenna, che governava la potente città di Chiusi, di conquistare la città. Grazie a numerosi atti di valore, Roma resistette e gli Etruschi alla fine si ritirarono, secondo alcuni storici dopo aver anche occupato a lungo la città. Si apre poco dopo, il conflitto che vede opposti i romani per diverso tempo la città etrusca di Veio, che si trovava sulla sponda destra del Tevere, e puntava a controllare il fiume. Infine, i romani, guidati da Furio Camillo, nominato dittatore, riuscirono a conquistarla e ad annetterla allo stato romano. Iniziò così un breve periodo di espansione nell'Etruria meridionale che fu però ostacolato dalla popolazione dei Celti, che i romani chiamavano **Galli**. Dopo essere scesi dalla Pianura Padana, combattendo e vincendo gli Etruschi, giunsero ai confini del lazio guidati da **Brenno**. L'esercito romano fu sconfitto al fiume Allia nel 390 a.C. e una banda di **Galli Sénoni** entrò a Roma e la saccheggiò, prendendo tutti i colli tranne il Campidoglio. La tradizione dice che le oche sacre del tempio di Giunone sul Capitolino starnazzarono avvisando i Romani della presenza dei nemici, che così furono respinti; tuttavia si dovette scendere a compromessi e i Galli se ne andarono con il bottino e anche un riscatto monetario. Dopo questi attacchi furono costruite le famose "mura serviane" e, con le mire espansionistiche di Roma, si acquietarono anche le acque tra patrizi e plebei, perché i secondi ebbero il diritto, dopo le *leggi Licinie Sestie* emanate nel 367 a.C., ad avere un console e ad entrare in possesso di territori delle colonie romane.

3.4 La conquista della penisola e i patti italici.

Tra la metà del IV secolo a.C. e gli inizi del III secolo a.C. le mire di Roma puntarono all'Italia centrale e meridionale. Sottomisero inizialmente i Latini, per poi puntare ai Lucani, i Bruzi e i Sanniti, popolazioni originarie degli Appennini per stabilirsi nelle ricche terre della Campania, sottomettendo le colonie greche di Cuma, Napoli e Paestum. In particolare contro i Sannini i Romani iniziarono una guerra che durò diversi decenni: la cosiddetta **Prima guerra sannitica** iniziò nel 343 a.C. e finì nel 341 a.C., ma la **Seconda guerra sannitica** durò ben 22 anni, dal 326 a.C. fino al 304 a.C. La guerra si concluse con la vittoria romana a Baiano (nell'attuale Molise). In questo modo i Romani avevano conquistato buona parte della Campania, che all'epoca era la regione più fertile e ricca del sud Italia. Dopo la conquista, i Romani intrapresero una **Terza guerra sannitica** dal 298 a.C.: una coalizione formata da Etruschi, Celti e Sanniti attaccò l'esercito romano, che li sconfisse a Sentino nel 295 a.C.. Il conflitto proseguì fino al 290 a.C., con la resa dei Sanniti grazie all'intervento del console Manio Curio Dentato.

La conquista del Sud Italia proseguì con il tentativo di conquista di Taranto, una polis greca. La città, per difendersi dai Romani, chiese aiuto a Pirro, il re dell'Epiro. Pirro arriva in Italia nel 280 a.C. e combatté con i Romani prima a Eraclea, poi nella zona della Basilicata. Un ulteriore scontro avvenne nel 279 a.C. ad Ascoli Satriano, ma la guerra contro i Romani finisce solo nel 275 a.C., quando Pirro viene sconfitto a Malevento e i Romani si dirigono verso Taranto, assediandola fino a conquistarla nel 272 a.C.

4. LA CONQUISTA DEL MEDITERRANEO

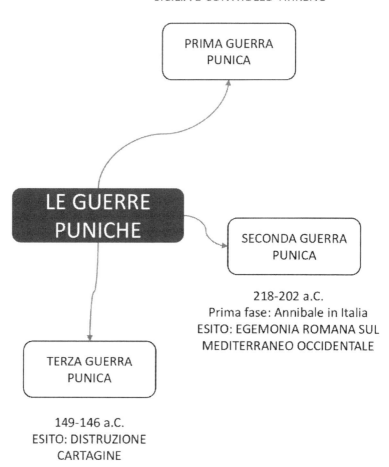

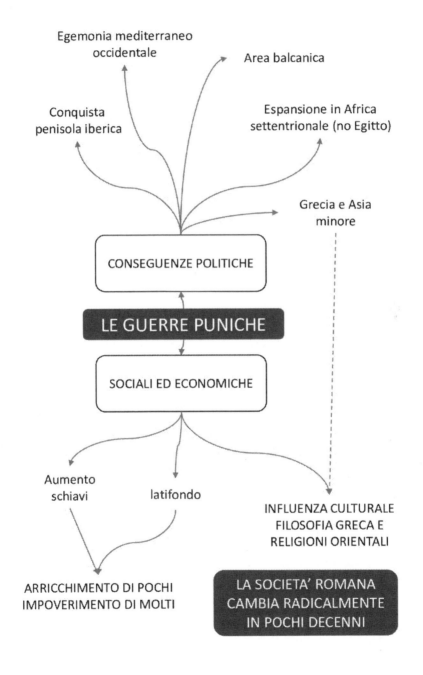

4. LA CONQUISTA DEL MEDITERRANEO
4.1 Prima e seconda guerra punica, espansione ad Oriente

Dopo aver sconfitto Pirro, i Romani intrapresero una serie d'espansioni che dovevano assicurargli sia il consolidamento dei territori, sia il pieno dominio dei mari. Si scontrarono, perciò, contro la potenza fenicia e con Cartagine, che controllava gran parte delle rotte del Mediterraneo occidentale e orientale. Fino alla conquista dell'Italia meridionale i rapporti con Cartagine non si erano incrinati, anzi: le due città avevano stipulato una serie di trattati che definivano i confini e regolavano i commerci. Tuttavia, dopo la conquista di Taranto e quindi le nuove prospettive di commercio anche con il Mediterraneo orientale, i Romani si trovarono costretti a scontrarsi con Cartagine per poter ottenere nuove rotte.

Le ostilità si aprirono dopo che la città siciliana di Messina cadde nelle mani dei **Mamertini**, una banda di avventurieri provenienti dalla Campania. Il tiranno di Siracusa Gerone II li assediò, ma il gruppo richiese l'aiuto dei Cartaginesi (da sempre nemici di Siracusa) e poi contattò anche i Romani, chiedendo l'annessione alla **Lega italica** nel 264 a.C. Il console romano Appio Claudio attraversò lo stretto con le proprie truppe e riuscì a prendere Messina: si trattò di una vera e propria dichiarazione di guerra sia contro Cartagine (perché Messina era sotto l'influenza cartaginese) sia contro Siracusa, la quale però si unì poco dopo a Roma.

La prima grande battaglia tra Romani e Cartaginesi avvenne a Milazzo nel 260 a.C. e la flotta romana distrugge i nemici. Nel 255 a.C. però i Romani subiscono una violenta sconfitta a Tunisi. Dopo anni di guerra entrambe le contendenti erano ormai stremate, soprattutto Roma, che si trovava quasi in bancarotta; tuttavia, con l'imposizione di un prestito forzoso agli aristocratici, i Romani riuscirono a racimolare abbastanza denaro da creare una nuova flotta comandata dal console Lutazio Catulo. Nel 241 a.C. quindi inizia la battaglia via mare presso le isole Egadi, dove i cartaginesi furono sconfitti. La **Prima guerra punica** finì con una pace a favore dei Romani, perché i Cartaginesi furono costretti a pagare un'indennità di guerra e a restituire i prigionieri. La Sicilia divenne una **provincia** romana (il termine "provincia" vuol dire "mandato di governo"); gli abitanti erano sudditi di un magistrato romano, pagavano un tributo e persero i loro terreni, che furono redistribuiti ai latifondisti romani.

A Cartagine, invece, si svilupparono due fazioni: una era pacifista e chiedeva a Cartagine di non sfidare di nuovo Roma ma di concentrarsi sulle regioni africane; la seconda era espansionista, e aveva l'obiettivo di fondare nuove colonie e riprendere il conflitto contro i Romani. Alla fine vinse la fazione espansionistica e nel 237 a.C., appena tre anni dopo la prima guerra, i Cartaginesi ripartirono guidati dal generale Amilcare, con il figlio Annibale e il genero Asdrubale, in direzione della Spagna. Qui riuscirono a conquistare una buona parte della costa sud-occidentale, fondando la città di **Nuova Cartagine**, odierna Cartagena. Alla morte di Amilcare e Asdrubale, il comando passò ad Annibale che odiava profondamente i Romani e aveva messo a punto un piano di conquista di Roma che passava prima dalla ribellione dei popoli sottomessi: Greci, Etruschi, Galli e Sanniti. La **seconda guerra punica** scoppiò dopo che Annibale decise di attaccare Sagunto, città spagnola alleata di Roma: Annibale l'assediò per otto mesi e poi la conquistò, uccidendo tutta la popolazione.

I Romani furono così costretti a dichiarare guerra a Cartagine nel 219 a.C. e mandarono il console Gneo Cornelio Scipione contro Annibale, che però era già diretto in Italia passando per le **Alpi** e valicandole con un esercito di circa 20.000 soldati, 6000 cavalieri e più di **trenta elefanti**, animali sconosciuti alle popolazioni alpine (ma noti ai romani perché già usati da Pirro). Sul fiume Ticino ci fu la prima battaglia nel 218 a.C. e l'esercito romano fu sconfitto; così i Cartaginesi si impadronirono dell'Italia settentrionale. I cartaginesi proseguirono la loro avanzata e sconfissero un'altra volta i Romani nelle vicinanze del lago Trasimeno, dove morirono più di 15.000 soldati romani e il console Flaminio. A Roma, vista la minaccia, fu proclamato dittatore Quinto Fabio Massimo, detto "il Temporeggiatore", perché evitò una battaglia frontale e si limitò a impedire che l'esercito cartaginese entrasse a Roma. Annibale si stabilì allora in Puglia e iniziò a liberare le colonie greche sottomesse a Roma per guadagnare alleati. Nel mentre, a Roma fu organizzato un esercito che fu mandato, nel 216 a.C., a Canne, per combattere contro i nemici. Qui Roma, però, subì una disfatta: i 70.000 soldati inviati perirono nella battaglia, incluso il console Emilio Paolo. Dopo la battaglia, Annibale riesce ad entrare a Capua grazie anche all'aiuto di nuovi alleati: Filippo V di Macedonia e la città di Siracusa.

Tuttavia Roma si riorganizza e nel 212 a.C. l'esercito romano riesce a espugnare Siracusa e a riconquistare Capua. Il generale romano Publio Cornelio Scipione, a capo dell'esercito, vince la battaglia contro i rinforzi cartaginesi sulle rive del Metauro e viene poco dopo eletto console. Da quel momento fa in modo che il conflitto sia spostato in Africa, anche per dare quiete ai territori martoriati del centro Italia. In Africa, i Romani si alleano con il re della Numidia (oggi Marocco), Massinissa. Il conflitto che pone fine alla seconda guerra punica si tiene a **Zama**, dove i Romani riescono ad annientare l'esercito cartaginese nel 202 a.C. Come conseguenza della guerra, a Cartagine viene imposta la rinuncia totale alla flotta, ai possedimenti in Europa e alla possibilità di entrare in guerra senza prima aver chiesto il permesso a Roma, alla quale fu costretta anche pagare una dura indennità di guerra.

4.2 Terza guerra cartaginese. La fine della città.

In pochi anni, Cartagine riuscì a pagare il debito contratto con i Romani e a trovare una nuova prosperità. Preoccupati dal rinnovato benessere cartaginese, i Romani indussero Massinissa a dichiarare guerra ai Cartaginesi rivendicando un territorio al confine tra i loro stati; alla risposta armata di Cartagine, il Senato romano proclamò il *casus belli* e nel 149 a.C. dichiarò guerra a Cartagine, facendo iniziare ufficialmente la **Terza guerra punica**. Nel 146 a.C. **Scipione Emiliano** rase al suolo Cartagine e vendette tutti i superstiti come schiavi, rendendo così Cartagine una provincia romana d'Africa.

4.3 Organizzazione del potere in Italia e nelle province del mediterraneo

Tra la metà del III secolo e la metà del II secolo a.C. Roma aveva conquistato la maggior parte del Mediterraneo e l'organizzazione del potere era profondamente cambiata. Dopo la vittoria contro Annibale nella seconda guerra punica e la conquista, di lì a poco della penisola iberica, i romani si riversano verso il mediterraneo orientale. In particolare, grazie all'ingresso nella lega etolica e la **vittoria contro Antioco III e i persiani (192 a.C.)**, i romani diventano la forza egemone dell'area greca e gettano di lì le basi per la successiva conquista dell'Asia minore.

Le conquiste e le colonie avevano permesso un grande afflusso di schiavi in città, e per questo nacquero i **latifondi**, ovvero dei territori che ospitavano aziende agricole (*ville*) destinate alla produzione, alla vendita e al commercio su larga scala dei prodotti del territorio. Alcuni prodotti non furono più coltivati in modo intensivo (come il grano) e si preferì invece puntare su prodotti redditizi come l'olio e il vino, che avevano un florido commercio anche in Oriente. Le *villae* erano affidate ai *villici*, i servi, che controllavano gli schiavi e riportavano ai proprietari terrieri, che nella maggior parte dei casi lasciava la campagna per trasferirsi a Roma.

Durante il II secolo si creò una **nuova classe sociale, gli *equites*,** ossia cavalieri che in precedenza si erano arricchiti grazie al ruolo di esattori di tributi. I servi, invece, erano diventati di un numero sproporzionato e perciò considerati come semplici strumenti di lavoro, sfruttati al massimo dalla nobiltà romana, che li usava sia per le attività agricole, sia nelle miniere, nelle cave e per la costruzione di opere pubbliche. Solo alcuni schiavi erano destinati al servizio domestico e perciò considerati privilegiati, assieme agli schiavi intellettuali (principalmente greci) che diventavano educatori o medici della famiglia.

5. CRISI DELLA REPUBBLICA

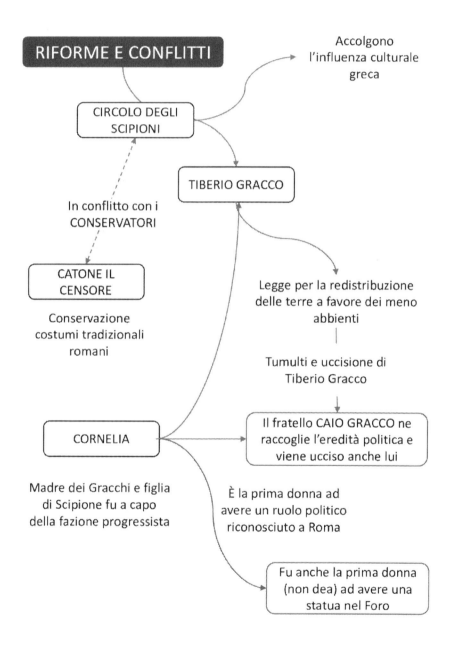

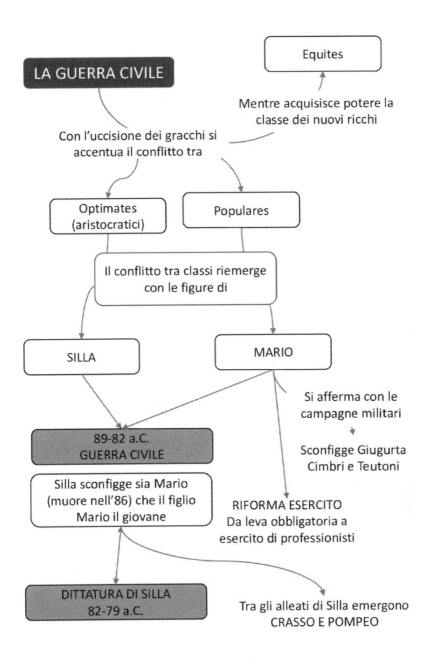

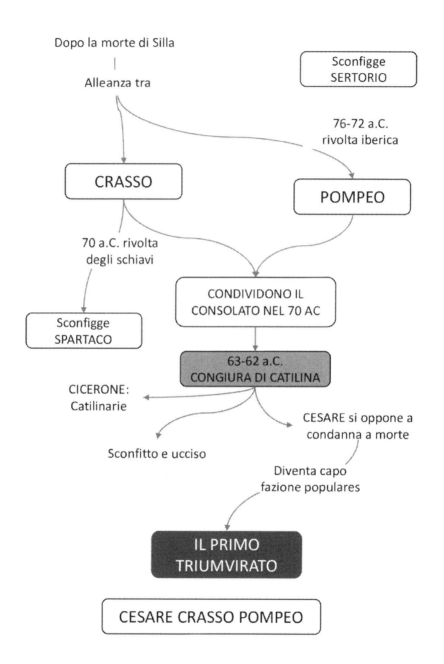

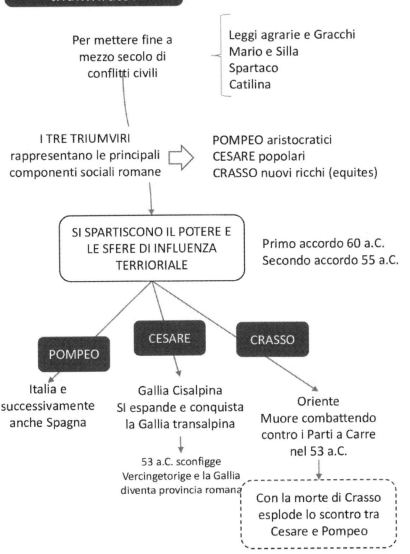

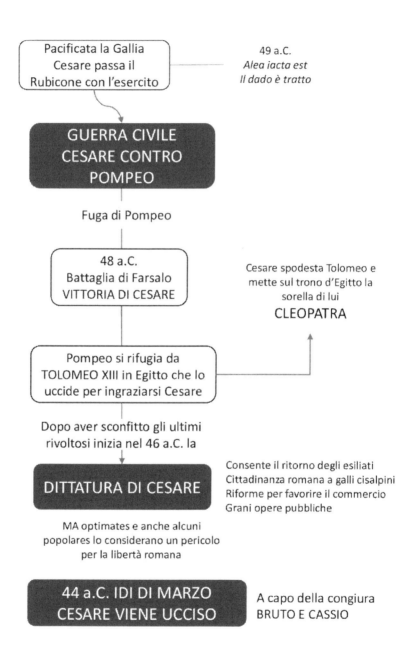

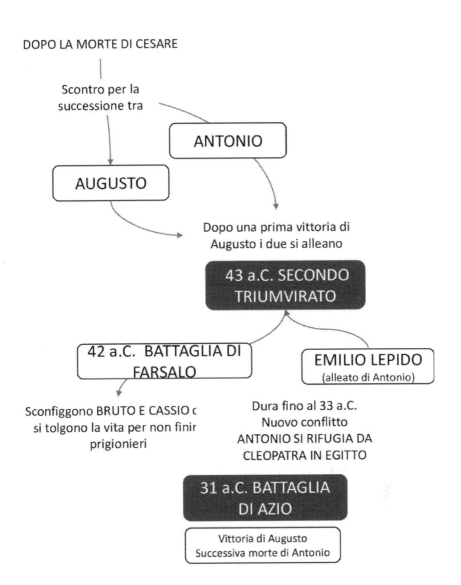

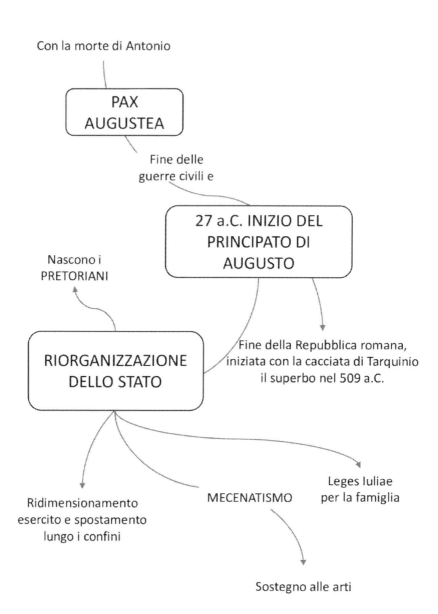

5. CRISI DELLA REPUBBLICA

5.1 Conflitto sociale, i Gracchi e la riforma dell'esercito

L'espansione ad oriente ebbe come conseguenza quello del contatto con la civiltà e la cultura greca che influenzò notevolmente i costumi romani. Nella città si trasferirono molti illustri greci, tra medici, filosofi, insegnanti e filologi; il greco era una lingua internazionale e i Romani la conoscevano bene, dovendo governare sulle province orientali. I tradizionalisti romani cercavano di difendere il *mos maiorum* (il "buon costume degli antenati"): nel 155 a.C. **Catone "il Censore"** fece espellere Diogene, Critolao e Carneade, ambasciatori greci, con la paura che i giovani potessero essere attratti dalla loro filosofia, e così allontanarsi dalla vita militare.

Non tutti i romani, però, erano contrari al mondo greco: nacque il cosiddetto **Circolo degli Scipioni**, un gruppo di aristocratici aperti alla filosofia e alla letteratura greca. I ricchi aristocratici romani iniziarono ad allontanarsi dalla vita frugale e ad amare il lusso, inviavano i figli in Grecia per formarsi. Anche da un punto di vista famigliare cambiò molto la scena: le donne iniziarono ad avere molta più libertà. Figura centrale e simbolica di questo periodo e di questa cerchia fu quella di **Cornelia, figlia di Scipione l'Africano e madre dei Gracchi, che guidò il circolo e la fazione politica per quasi mezzo secolo**. Si diffusero, inoltre, le lotte dei gladiatori e gli spettacoli negli anfiteatri. Dal Mediterraneo arrivarono anche nuove forme di religione, tra cui i riti dionisiaci, visti negativamente dal Senato (che li proibì nel 186 a.C.).

Nel tentativo di rimediare alle nuove tensioni sociali ed eliminare le grandi proprietà terriere a favore di proprietà e produzioni più piccole, nel 133 a.C. **Tiberio Gracco**, tribuno della plebe, avanza la proposta di distribuire i terreni pubblici in eccesso ai contadini più poveri. La legge emanata da Gracco fu però vista come un esproprio e un tentativo di un colpo di Stato. Durante i tumulti successivi, Gracco fu ucciso.

Nel 123 a.C. fu eletto **Gaio Gracco**, fratello di Tiberio, come tribuno. Per prima cosa decise di ottenere l'appoggio dei cavalieri e diede loro il compito di riscuotere i tributi in Asia, mettendoli poi a capo dei tribunali delle province grazie alle leggi Sempronie. L'obiettivo di Gaio Gracco era di opporre ai senatori una nuova classe politica, forte e solida, e di ottenere il consenso del popolo attuando una serie di iniziative, come le distribuzioni gratuite di grano e la costruzione di nuove strade per collegare le città italiane. Nel 122 a.C. fu rieletto come tribuno e si spinse a chiedere l'attribuzione della cittadinanza romana anche ai *socii* italici; il popolo, però, vide questa concessione come un pericolo che poteva ostacolare i loro tentativi di ottenere maggiore libertà. Così l'anno successivo Gaio non fu rieletto, e tentò una rivolta armata che fu immediatamente bloccata dal Senato, e Gaio morì, facendosi uccidere da uno dei suoi schiavi prima di essere preso dai nemici. La stessa sorte toccò nel 91 a.C. al tribuno **Marco Livio Druso**, che cercò a sua volta di concedere la cittadinanza romana agli altri abitanti dell'Italia.

Così le riforme dei Gracchi, pur non essendo andate a buon fine, avevano rivelato la fragilità di Roma, che fu divisa dagli *optimates* ("i migliori", gli aristocratici) e i *populares* (il popolo).

5.2 Conflitto tra Mario e Silla

Nel 107 a.C. fu eletto console **Gaio Mario** nel tentativo di sconfiggere **Giugurta**, il re della Numidia, a cui Roma aveva dichiarato guerra nel 112 a.C.: nel 105 a.C. le forze congiunte di

Gaio Mario e dell'ufficiale **Lucio Cornelio Silla** riuscirono a sconfiggere i nemici, catturando Giugurta con un inganno. Mario fu rieletto console per cinque anni consecutivi (in deroga alla legge di non consecutività) e negli anni successivi sconfisse anche i Teutoni in Francia e i Cimbri ai Campi Raudii, riprendendo le redini del controllo sulla Gallia. Negli stessi anni promulga una riforma del sistema militare che avrà diverse conseguenze. L'arruolamento, infatti, non fu più obbligatorio ma divenne volontario, retribuito e permanente. Il Senato non vide di buon occhio questa nuova concessione, ma il culmine fu raggiunto quando **Saturnino**, amico di Mario, propose di distribuire il terreno delle provincie ai veterani anche non cittadini romani. Alla proposta si oppose non solo il Senato, ma anche molti cavalieri e il popolo, che non tolleravano fossero offerti tali privilegi a persone senza la cittadinanza romana.

Tutti gli eventi anticipavano quella che, nell'89 a.C., divenne una vera e propria **guerra civile a Roma**. Infatti Mitridate VI, re di Ponto (Turchia), aveva iniziato una rivolta nelle colonie romane. Il Senato gli dichiarò guerra mandando **Silla**, generale romano, a combattere contro le legioni turche; tuttavia popolo e cavalieri chiesero a gran voce che il comando fosse affidato a Mario. Silla non volle rinunciare al suo incarico e sfidò apertamente Mario, sconfiggendolo nell'87 a.C., partendo poi per l'Oriente e ristabilendo la supremazia romana.

Nell'86 a.C. Mario morì e gli succedette il figlio, **Mario "il giovane"**, ma nell'83 a.C. Silla sbarcò in Puglia e si alleò con i comandanti **Marco Licinio Crasso** e **Gneo Pompeo** per dare inizio a una sanguinosa guerra civile che terminò l'anno successivo, quando i popolari furono sconfitti e lo stesso Mario il giovane morì nella battaglia di Porta Collina. La prima guerra civile romana si conclude quindi con un **periodo di dittatura di Silla che durò**

dall'82 al 79 a.C., anni durante il quale si consolidò l'aristocrazia e il popolo perse molti dei poteri e dei diritti che aveva guadagnato durante il periodo di Mario.

Il periodo successivo vede la vittoria di Gneo Pompeo contro il ribelle spagnolo Sertorio in una guerra durata dal 76 al 72 a.C.; l'anno successivo, Marco Licinio Crasso riesce a sedare la ribellione degli schiavi di **Spartaco**, un gladiatore capuano. I due si alleano e diventano consoli nel 70 a.C. In quel momento storico avviene anche quella che viene ricordata come la **"congiura di Catilina"**: un'insurrezione armata contro il Senato organizzata da Lucio Sergio Catilina nel 63 a.C., che viene però fermata da Marco Tullio Cicerone, che scrive le quattro celebri orazioni chiamate le "Catilinarie". Tutti i partecipanti alla congiura furono condannati a morte senza appello (operazione che andò contro le regole della costituzione repubblicana) e solo **Cesare** si oppose, ma senza successo. Così, nel gennaio del 62 a.C., le truppe di Catilina si batterono a Pistoia contro i Romani: qui molti morirono, incluso Catilina.

5.3 Il Triumvirato e fine della Repubblica

Negli anni successivi alla congiura di Catilina, Cesare si alleò con Pompeo e Crasso per ottenere il ruolo di console. L'alleanza, stretta nel 60 a.C., è conosciuta con il nome di **"primo Triumvirato"**: secondo l'accordo, Pompeo avrebbe appoggiato Cesare come candidato al consolato nel 59 a.C., ottenendo in cambio l'appoggio di Cesare per l'approvazione dei suoi provvedimenti, mentre Crasso avrebbe ottenuto vantaggi per la classe dei cavalieri.

Cesare fu quindi eletto console nel 59 a.C. e nel 58 a.C. è a capo dell'esercito che si reca in Gallia a conquistare nuovi territori, dopo essersi assicurato il pro-consolato già in Gallia Cisalpina e in Gallia Narbonese per la durata di cinque anni. Cesare affronta prima gli Elvezi (abitanti dell'attuale Svizzera) nella battaglia di Bibracte e poi Ariovisto, re dei Germani, sconfiggendolo sul Reno. Dopo aver conquistato la Gallia centrale si dirige a nord, ma si scontra con i Belgi che avevano stretto una coalizione antiromana: nel 57 a.C. Cesare li sconfisse e raggiunse il canale della Manica. Nel frattempo, però, Pompeo a Roma aveva stretto nuove alleanze, di cui Cesare si accorse quasi subito e, nel 56 a.C., fece ritorno in Italia per incontrarsi a Lucca con Crasso e Pompeo, dove raggiunse un nuovo accordo dando il suo appoggio per far diventare entrambi consoli nel 55 a.C. e poi proconsoli, Pompeo in Spagna e Crasso in Oriente. Cesare ottenne il rinnovo per altri cinque anni del proconsolato nelle Gallie.

5.4 Il conflitto Cesare e Pompeo

Alla fine del suo consolato, Pompeo decise di non partire per la Spagna ma di restare a Roma, rompendo l'accordo con Cesare. Crasso era morto nel 53 a.C. combattendo in Mesopotamia (battaglia di Carre) e il triumvirato cessò ufficialmente. Nel 52 a.C. una serie di tensioni a Roma portarono all'uccisione del tribuno **Clodio** (colui che aveva esiliato Cicerone) e Pompeo fu incaricato di organizzare il controllo della città tramite un esercito. Di fatto, Pompeo si ritrovò con un potere assoluto e decise di sfidare Cesare che nel frattempo (54 a.C.) era giunto in Britannia. Nel 53 a.C. scoppiò una rivolta guidata da **Vercingetorige** che cercò di riconquistare la libertà dei Galli: ma l'esercito di Cesare li massacrò e definì la Gallia come una provincia romana.

Al ritorno a Roma, fu imposto a Cesare di lasciare le truppe al confine tra la Gallia Cisalpina e il territorio di Roma, a nord del fiume Rubicone, ed entrare a Roma come un privato cittadino. Cesare, però, sfidò il volere di Pompeo e del Senato: attraversò il fiume con tutte le sue legioni pronunciando la celebre frase *alea iacta est*, ovvero "il dado è tratto". Iniziò così la guerra civile tra Cesare e Pompeo. Quest'ultimo, trovandosi impreparato al conflitto, fuggì in Macedonia e poi cercò di vincere contro Cesare nella battaglia di Farsalo, in Tessaglia, nel 48 a.C.; ma Cesare ebbe la meglio e Pompeo fuggì nuovamente e cercò protezione dal re **Tolemeo XIII** in Egitto. Il re, invece, voleva ingraziarsi Cesare e uccise Pompeo: Cesare però ritenne l'assassinio di Pompeo come un vile gesto da parte del re e lo spodestò (le fonti narrano che a contribuire a questa decisione fu anche l'innamoramento di Cesare per la ventiduenne Cleopatra, sorella e moglie di Tolemeo ma a lui ostile, che influenzò le decisioni di Cesare in modo da essere incoronata Regina d'Egitto).

Dopo una serie di altre battaglie, come quella contro Farnace re del Ponto (sconfitto nel 47 a.C.) e contro Marco Porcio Catone, seguace di Pompeo, in Africa nel 46 a.C., Cesare rientrò a Roma e iniziò così il suo periodo da dittatore.

5.5 La dittatura di Cesare

Al ritorno a Roma, Cesare non è solo un capo militare e politico ma assume anche l'autorità religiosa. Si fa nominare dittatore a vita, *pater patriae* ("padre della patria") e *imperator* (comandante). Le riforme di Cesare furono numerosissime: permise il ritorno degli esiliati a Roma, diede la cittadinanza agli abitanti della Gallia Cisalpina e incoraggiò, con una serie di leggi, agricoltura, commercio e artigianato. Fece avviare grandi opere pubbliche come la sistemazione del **Foro romano**, fece arginare il

Tevere e affidò ai proletari delle sistemazioni adeguate nelle colonie fuori Roma.

Cesare godeva di un ampio consenso popolare ma la concentrazione di potere che aveva conquistato preoccupava sia gli aristocratici che alcuni settori popolari che avevano visto in Cesare il restauratore della Repubblica dopo il periodo sillano. Così gli *optimates* organizzarono una congiura di cui fecero parte anche persone molto vicine a Cesare, come **Marco Giunio Bruto**. Dai congiurati in Senato con 23 pugnalate.

Dopo la morte di Cesare, **Marco Antonio**, suo luogotenente, e Gaio **Ottaviano**, figlio adottivo di Cesare, si scontrano nella battaglia di Modena perché Ottaviano voleva rivendicare i suoi diritti di erede mentre Antonio rifiutò di dargli i beni di Cesare. Antonio fu sconfitto nel 43 a.C. e si rifugiò in Gallia Narbonese assieme a Marco Emilio Lepido; la repubblica li dichiarò entrambi nemici. Durante la battaglia caddero, però, anche i consoli Aulo Irzio e Vibio Pansa, lasciando Roma senza consoli per quell'anno. Nel 42 a.C. Antonio e Marco Emilio Lepido richiamano Ottaviano e gli propongono un **secondo triumvirato**, con l'obiettivo di eliminare i congiurati che avevano ucciso Cesare. I tre raggiunsero l'accordo e quello stesso anno, a Filippi, uccisero quindi Bruto e Cassio. Nonostante l'accordo, alla morte degli anticesariani si riaccendono le ostilità tra Antonio e Ottaviano; Antonio si rifugia in Egitto e diventa il partner di Cleopatra, condividendone la responsabilità regale. Il comportamento di Antonio viene censurato dai romani e gli aliena una parte del sostegno di cui godeva. Ottaviano e Antonio si affrontano nella decisiva battaglia di Azio nel 31 a.C., con la vittoria decisiva del primo. Ottaviano, forte del successo navale, invade l'Egitto l'anno seguente. Vedendosi senza via di fuga, Marco Antonio sceglie il suicidio alla cattura, il 1agosto del 30 a.C. Pochi giorni dopo, Cleopatra ne segue l'esempio. Ottaviano diventa quindi il capo di tutta Roma, ma l'epoca della repubblica giunge inesorabilmente alla fine.

6. LA NASCITA DELL'IMPERO

È la prima dinastia imperiale romana — **DINASTIA GIULIO-CLAUDIA**

TIBERIO — 14 d.C. -37 d.C.

Pace interna

Ridà più potere al Senato
Comprime assemblee popolari

Espansione in Europa continentale

Consolida i confini dopo la disfatta di Teutoburgo (9 dc) subita da Varo

CALIGOLA — 37-41 d.C.

Assassinato dai pretoriani

Depotenzia il Senato
Accentramento potere

CLAUDIO — 41-54 d.C.

Recupera rapporto con Senato

Britannia provincia romana

Avvelenato da Agrippina madre di

NERONE — 54-68 d.C.

Prima grande inflazione

Viene deposto dal Senato
Muore suicida

Fa uccidere la madre

Induce al suicidio Seneca che lo aveva guidato fino al 65

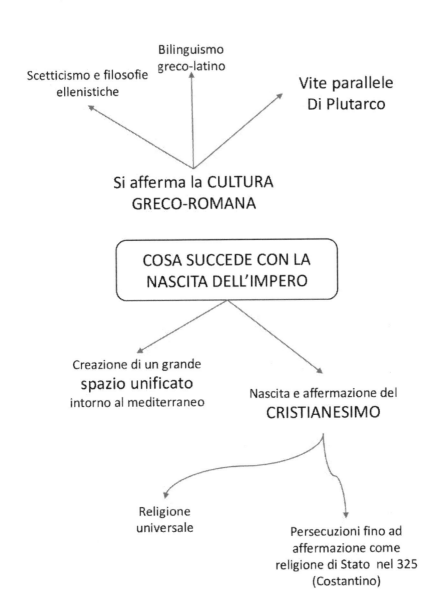

6. LA NASCITA DELL'IMPERO

6.1 Conflitto interno e pax augustea

Ottaviano divenne quindi nuovo *imperator* di Roma nel 29 a.C. In quello stesso anno chiuse il tempio di Giano, gesto considerato simbolico in quanto tale tempio veniva chiuso solo quando nel territorio romano c'era la pace. Dal 27 a.C. Ottaviano proclamò di voler restituire al Senato e al popolo romano il controllo della repubblica. Grazie a questo suo gesto, il Senato gli conferì il titolo di **Augusto** ("consacrato dagli auguri") e l'*imperium proconsulare*, ovvero il governo decennale di alcune province romane. Il 27 a.C. viene indicato come l'anno di inizio della Pax Augustea, la pace donata agli abitanti dell'impero romano da Ottaviano Augusto e che caratterizzerà circa due secoli della vita romana. Lo stesso 27 a.C. viene considerato anche l'inizio dell'Impero Romano.

Nel 23 a.C. Ottaviano riuscì a ottenere il controllo militare di tutto l'Impero. Il suo nome ufficiale diventò *Imperator Caesar divi filius Augustus*, nome che sottolineava la sua discendenza da Cesare (che pure era suo padre adottivo) e gli veniva data una sorta di sacralità, perché "Augusto" era uno degli appellativi del dio Giove. Ottaviano Augusto era praticamente al vertice dell'impero e dominava anche il pontificato massimo, da lui assunto nel 12 a.C. dopo la morte di Lepido. Dopo anni di guerre civili, Ottaviano Augusto, primo imperatore di Roma, riuscì a dare la pace e la prosperità ai suoi territori. Il termine "Augusto" sarebbe poi diventato il titolo assunto da tutti i futuri imperatori.

6.2 Organizzazione dello Stato

Il sistema politico romano viene completamente trasformato da Ottaviano Augusto, che ne fa un regime dove è l'unico a detenere tutto il potere. Ufficialmente le istituzioni della repubblica non cambiano i loro assetti, ma lo stesso titolo di Ottaviano ("princeps senatus", ovvero "primo tra i senatori) comportano un forte cambiamento. Augusto è infatti anche *imperator*, tribuno della plebe, proconsole e pontefice massimo. Così, dopo le riforme, la repubblica diventa un **principato**.

Dal punto di vista militare, Ottaviano Augusto dimezza le legioni e, puntando a una politica di pace interna, decide di stanziarle quasi tutte ai confini per la protezione dello Stato. Nasce un corpo speciale di 9000 uomini, chiamati "pretoriani", che diventano esercito personale e guardie del corpo dell'imperatore. Politicamente riduce il numero dei seggi in Senato e dà vita a nuovi organi di governo, come il *praefectus urbis*, ovvero il prefetto urbano, che doveva occuparsi di amministrare la città di Roma. Assieme a questo ruolo, istituisce il *praefectus annonae*, il prefetto dell'annona, che si occupava di controllare e gestire l'approvvigionamento di Roma. Furono istituite anche le figure del *praefectus praetorii* e del *praefectus vigilum*: il primo comandava i pretoriani, il secondo aveva funzioni di polizia. Le province vengono divise tra "senatorie" e "imperiali", mentre l'Egitto è di proprietà del principe.

Da un punto di vista sociale e famigliare, Augusto emana una serie di leggi chiamate *Leges Iuliae* per la tutela e la protezione della famiglia e del tradizionale *mos maiorum*. In particolare, promulga una legge che punisce duramente l'adulterio, mentre un'altra legge è volta a incrementare le nascite. Da cittadini, i Romani diventano dei veri e propri sudditi del principe. L'immagine di Augusto è comunque molto positiva per i sudditi, anche perché Augusto sostiene la cultura, la filosofia e l'arte. Grazie al suo amico Mecenate entra in contatto con molti scrittori e poeti, tra cui Virgilio, Orazio, Tito Livio e Ovidio, dando vita a quell'atteggiamento che oggi viene chiamato, in onore di Mecenate, "mecenatismo".

Sulla politica estera, Augusto riesce a riprendere il controllo della Spagna e a conquistare altri territori delle attuali Svizzera, Germania e Austria. Il confine settentrionale di Roma è fissato tra il Reno e il Danubio. Con delle mirate azioni diplomatiche riesce a ottenere Armenia e alcuni stati dell'Asia Minore, Ponto, Bosforo e Tracia.

6.3 La dinastia Giulio-Claudia

Alla morte di Ottaviano Augusto, avvenuta nel 14 d.C., gli succedette il figlio adottivo **Tiberio**, come da volontà dello stesso Augusto: egli era infatti il figlio di Livia Drusilla e di Tiberio Claudio, il suo primo marito, mentre aveva sposato Augusto in terze nozze. Con Tiberio inizia ufficialmente la dinastia Giulio-Claudia, poiché, per nascita, Tiberio faceva parte della *gens* Claudia mentre, per adozione, faceva parte della dinastia Giulia.

Il governo di Tiberio fu volto a mantenere la pace che aveva instaurato Ottaviano Augusto. Il Senato tornò ad avere un ruolo principale e fu dato meno spazio alle assemblee dove potevano partecipare anche i cittadini. Con una serie di riforme fiscali riuscì a migliorare la situazione finanziaria in città, riducendo le spese per i giochi negli anfiteatri e creò un primo fondo di credito per i piccoli proprietari terrieri, che erano stati messi in difficoltà dalla presenza delle grosse produzioni.

Dopo la morte di Tiberio, il Senato appoggiò Gaio, figlio di Germanico e nipote di Tiberio, che all'epoca era venticinquenne. Gaio passò alla storia con il nome di **Caligola**, termine che deriva dalla calzatura militare che indossava quando era bambino e girava tra gli accampamenti del padre. Il regno di Caligola però fu costellato di delusioni per i Senatori, tanto che la tradizione racconta che Caligola addirittura avesse nominato senatore il suo cavallo. L'obiettivo di Caligola era, probabilmente, quello di creare una monarchia assoluta dove il Senato non avrebbe avuto alcun potere, prendendo spunto dalle monarchie Orientali. Riportò in auge anche i giochi e le elargizioni, ottenendo così il favore del popolo, ma traendo il denaro dal suo tesoro personale e dai beni degli oppositori politici. Così il Senato era sempre più contrario a Caligola, fino a che questi non restò vittima, nel 42 d.C., di un colpo di Stato organizzato dai pretoriani, coloro che avrebbero dovuto difenderlo.

Dopo la morte di Caligola, i pretoriani proclamarono come imperatore un suo anziano zio, **Claudio**, il fratello di Germanico. Claudio aveva alcuni problemi di salute (era zoppo e balbuziente), timido e molto studioso, non particolarmente adatto alla vita di governo. Ma Claudio stupì i Senatori, mantenendo il potere con serietà, amministrando con attenzione la situazione finanziaria dello Stato e attuando una serie di riforme che giovarono economicamente. Claudio incluse in Senato alcuni membri della provincia della Gallia Narbonese, creando così una nuova classe dirigente composta anche da aristocratici non italici. Inoltre, intraprese la conquista della Britannia che era stata già esplorata da Cesare, e la sottomise come provincia romana nel 44 d.C.

Claudio si sposò diverse volte, ma i due matrimoni più celebri avvennero con Messalina (che fu poi condannata a morte perché conduceva una vita immorale e libertina), e con **Agrippina**, figlia del fratello Germanico. Agrippina però aveva già un figlio, **Nerone**, nato nel 37 d.C. e per farlo diventare imperatore decise di avvelenare Claudio nel 54 d.C. Così, alla morte di Claudio e del suo legittimo erede Britannico, figlio di Messalina, il successore fu Nerone.

Nerone fu l'ultimo membro della dinastia Giulio-Claudia. Ancora giovane quando fu nominato imperatore (aveva appena diciassette anni) fu guidato dalla madre Agrippina, dal prefetto Afranio Burro e dal filosofo **Seneca**, che era particolarmente apprezzato dal Senato. Dopo i primi cinque anni di impero, Nerone si ribellò ai controlli materni e la fece assassinare nel 59 d.C.; dopodiché fece uccidere anche la moglie Ottavia e l'ex tutore Afranio Burro, e costrinse Seneca a ritirarsi a vita privata. Nerone si circondò di cortigiani fedeli, tra cui **Tigellino**, che era l'esecutore materiale dei crimini ordinati da Nerone.

Durante l'epoca neroniana, la moneta subì una svalutazione e le tasse aumentarono, così il popolo iniziò a covare odio nei confronti dell'imperatore. Nel 64 d.C. divampò un terribile incendio che rase a suolo quasi tutta la città di Roma; Nerone diede la colpa e iniziò a perseguire la comunità cristiana, ma approfittò della ricostruzione post-incendio per far edificare la *domus aurea*, la sua reggia privata, meravigliosamente decorata. Nerone compì poi un viaggio in Grecia, essendo molto amante della cultura greca e orientale, attirando ancora di più l'opposizione del Senato. Nel 65 d.C. fu organizzata una congiura dalla famiglia Pisoni, di cui restarono vittime anche alcuni grandi intellettuali come Lucano, Petronio e Seneca. Alla fine, nel 68 d.C., le legioni spagnole comandate dal senatore Galba si ammutinarono e la rivolta iniziò a dilagare nei territori dell'impero, raggiungendo Roma: a quel punto, Nerone si suicidò.

6.4 Cultura religione e società del primo secolo.

Dopo secoli di dominazione della cultura e della lingua greca, il latino divenne finalmente la lingua comune praticata in Occidente, mentre la radice greca restò fortissima in Oriente. L'impero era così bilingue e i giovani aristocratici latini studiavano in Grecia. Nacque la cosiddetta "cultura classica", ovvero un'unione di letteratura, arte e filosofia greco-latina. Uno dei maggiori esponenti della cultura classica fu Plutarco di Cheronea (45-125 d.C.) che scrive *Vite parallele*, un testo dove mette a confronto la biografia di un personaggio greco e quella di un personaggio romano, per dimostrare che in realtà i due erano accomunati dalla stessa educazione. Diverse filosofie ellenistiche si diffusero nel mondo romano. Tra queste, ebbe particolare influenza a Roma e lo stoicismo, abbracciato da importanti personalità pubbliche tra cui Bruto, Seneca e, nel II secolo, dall'imperatore Marco Aurelio.

Durante i primi due secoli dell'Impero romano nacque e si diffuse **il cristianesimo**, grazie ai legionari romani che, viaggiando per le province imperiali, riportavano in città caratteri e testimonianze di questa nuova religione. Il ruolo universale che assumeva Roma rendeva la religione tradizionale meno adatta a intercettare i bisogni spirituali di una società profondamente mutata. Nel 64 a.C. le legioni romane conquistano la Siria, e così la Palestina diviene sottoposta di Roma. Dopo la morte del re **Erode**, avvenuta nel 4 a.C., anche la **Giudea** viene designata come provincia romana e data in amministrazione a un prefetto.

Il cristianesimo nasce in Palestina con le predicazioni di **Gesù** che nacque durante gli ultimi anni del governo di Erode a **Betlemme**, in Giudea e, predicando in Galilea già in giovane età, iniziò a subire le ostilità di Farisei e Sadducei, che ne percepivano un distacco rispetto alla religione ebraica. Pur avendo rifiutato ogni ruolo politico, Gesù diffuse una religione radicale e venne identificato nel **Messia** atteso dal popolo ebraico. La diffusione del Cristianesimo avvenne grazie ai suoi discepoli e seguaci. Ruolo fondamentale fu soprattutto quello di **Paolo di Tarso,** il primo seguace di rilievo non ebreo. Con Paolo, il cristianesimo si sgancia dalla sua origine e si rivolge con sempre maggiore forza a tutti, universalmente. Il Cristianesimo, dopo essersi diffuso in tutto il Medio Oriente, arrivò così anche a Roma e molti cittadini vi aderirono, in primo momento in segreto a causa delle numerose persecuzioni da parte dei romani. Le prime persecuzioni contro i cristiani furono ordinate da Nerone nel 64 d.C.; anche **Domiziano**, imperatore dall'81 al 96 d.C., represse duramente i cristiani. A queste seguirono altre dure repressioni e persecuzioni nel III e nel IV secolo.

In questo clima di apertura e repressione allo stesso tempo, dopo la morte di Nerone iniziò una crisi dinastica che cambiò le sorti di Roma.

I militari decisero presto chi dovesse succedere all'imperatore suicida e la loro scelta cadde su **Otone**, che andò a sostituire Galba, senatore che aveva preso il potere e che fu rapidamente rovesciato. Otone però si trovò subito contro le truppe che sostenevano **Vitellio**, che riuscì a uccidere l'avversario. In brevissimo tempo però le legioni stanziate in Oriente, mandati a fronteggiare la rivolta dei Giudei, proclamarono imperatore il loro comandante **Flavio Vespasiano**. Vespasiano arrivò a Roma, eliminò Vitellio e si affermò come imperatore.

Finiva così il 69 d.C., conosciuto come "l'anno dei quattro imperatori" e iniziò la dinastia dei Flavi.

6.5 Tecnologia e politica, le chiavi del successo romano

Quello romano è il primo impero universale della storia. Se una prima idea di dominio di tutti i popoli si era innestata nella storia occidentale con le conquiste di Alessandro Magno, tuttavia è solo con l'impero romano che si da vita ad una istituzione permanente che realizza un'unità politica di popoli e culture diverse. La pax augustea dura ben duecento anni. Cosa avevano i romani in più rispetto agli altri popoli del loro tempo? Le risposte date dagli studiosi sono cambiate nel corso del tempo, ma alcuni elementi appaiono condivisibili.

Il primo, è che i romani avevano una **superiorità tecnologica** rispetto agli avversari che incontrarono nella storia. Si trattava innanzitutto di **capacità ingegneristiche**, alimentate da una posizione geografica unica per quel momento storico: erano a contatto simultaneamente con la cultura etrusca e quella greca, poi ancora con quella fenicia. Appresa la tecnica di **costruzione dell'arco** dagli etruschi, la utilizzarono su vasta scala (ad esempio per fare ponti). Analogamente con le invenzioni o scoperte della cultura greca. Elemento strategico per il successo dell'espansione romana furono le **strade**. Al momento della massima espansione, la rete viaria contava ottantamila chilometri di strada, in buona parte ancora oggi visibili. Altrettanto straordinaria fu la capacità di utilizzare l'idraulica per costruire **acquedotti e dighe**. Ovviamente, queste e altre tecnologie furono messe al servizio dello **sforzo bellico**, campo nel quale dimostrarono superiorità agli avversari della loro epoca. Anche di fronte ad una flotta come quella cartaginese, superiore a quella romana, riuscirono ad avere la meglio l'invenzione e la costruzione dei corvi, ponti mobili di legno che permettevano di combattere come se fossero in terraferma.

Insieme alla leva tecnologica, i romani si dimostrarono **abili nella politica**. Da un lato attuando la tattica del *divide et impera* che consisteva nell'abilità a non far alleare tra loro i popoli avversari o sottomessi, mettendoli gli uni contro gli altri; dall'altro applicando accordi generalmente (salvo il caso di Cartagine) non oppressivi. Mutuarono dai vicini Etruschi e Latini il sistema dei **Patti federati**, per cui alle popolazioni italiche conquistate imponevano accordi in cui veniva salvaguardata una certa autonomia seppure nella sottomissione a Roma. Quando l'espansione superò la penisola, a partire dalla Sicilia e poi in tutte le altre terre conquistate instaurarono le **Province**, con un emissario che governava nell'interesse di Roma (soprattutto fiscale e militare) ma lasciando libertà di culto, di commercio, di organizzazione sociale. Progressivamente, si andò anche ad **estendere la cittadinanza romana** che nel terzo secolo, con Caracalla, fu estesa a tutto l'impero.

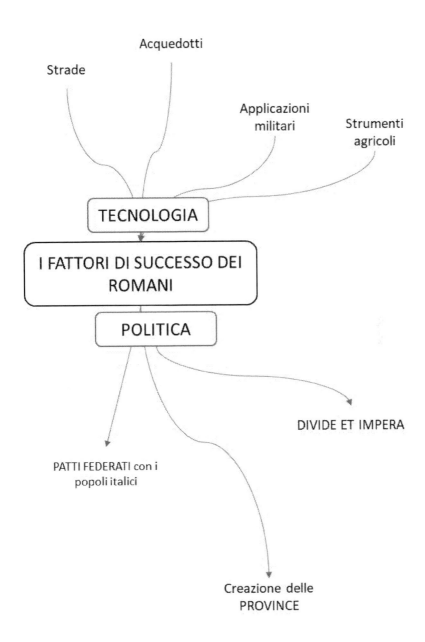

7. IL CULMINE DELL'IMPERO

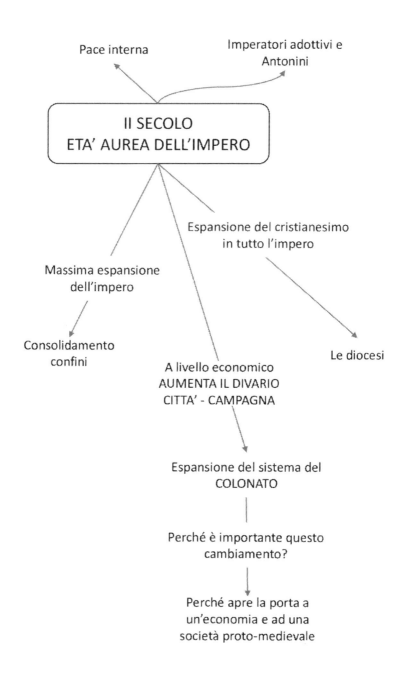

7. IL CULMINE DELL'IMPERO

7.1 La dinastia dei Flavi

Il primo rappresentante della dinastia dei Flavi è appunto Vespasiano, che regna dal 69 al 79 d.C.; è il primo imperatore non aristocratico, ma di umili origini. Durante il suo periodo da imperatore promulga la *lex de imperio Vespasiani* dove definisce le competenze del principe, svincolando il ruolo dalle origini nobili. Vespasiano avvia grandi lavori pubblici: sotto il suo impero si costruisce l'**Anfiteatro Flavio**, globalmente conosciuto come **Colosseo**; risana il bilancio dello stato e avvia una campagna di conquiste in Oriente che culmina con la conquista di Gerusalemme nel 70 d.C. Alla fine morì di morte naturale nel 79 d.C.

A Vespasiano succede, per breve tempo, il figlio **Tito**, che era stato il comandante delle truppe che avevano conquistato Gerusalemme e distrutto il Tempio della città. Il 70 segna l'inizio della diaspora ebraica (che si accentuerà dopo il fallimento della rivolta di Bar Kokhba nel 135). L'impero di Tito fu funestato da una terribile catastrofe avvenuta nel 79 d.C.: l'eruzione del Vesuvio, il vulcano che campeggia su Napoli, che in quell'occasione distrusse le città di Pompei, Ercolano e Oplontis (l'attuale Stabia), devastando tutta la Campania. A Tito succedette nell'81 d.C. il fratello **Domiziano**, che si rivelò, secondo le fonti, autoritario e spietato. Nell'impero di Diocleziano i cristiani conobbero tremende persecuzioni, i letterati furono zittiti (incluso Tacito) e i filosofi, autori e artisti greci furono scacciati dall'*Urbe*. Diocleziano mise al primo posto l'esercito e partì personalmente per una serie di conquiste della Germania, della Britannia e della Dacia. L'imperatore era l'idolo dei soldati ma molto odiato a Roma da popolo e aristocratici, che organizzarono una serie di congiure fino a che, nel 96 d.C., Diocleziano fu ucciso da una congiura di pretoriani e senatori, guidati da sua moglie Domitilla. Contro Domiziano venne attuata la *damnatio memoriae*, ovvero la distruzione di tutte le sue immagini, la cancellazione del suo nome da tutti i registri e l'impossibilità di trasmettere il proprio nome nella discendenza di famiglia. Terminò così la dinastia dei Flavi.

7.2 Traiano e le adozioni imperiali

Dopo la morte di Diocleziano, il Senato, in accordo con i pretoriani, nominò imperatore Cocceio Nerva, un senatore saggio e assennato. Nerva governò solo due anni, dal 96 al 98 d.C., e designò come erede il generale Ulpio **Traiano**, inaugurando l'adozione come criterio di successione. La successione fu così tranquilla che Traiano non dovette neanche abbandonare le truppe impegnate nelle conquiste fuori Italia. Egli era nato in Spagna e fu il primo imperatore non italico. Nel 101 d.C. Traiano riuscì a conquistare la Dacia e a imporre il fisco imperiale in questa regione che era ricchissima di miniere di metalli preziosi. Grazie all'oro proveniente dalla Dacia, a Roma furono costruiti il **Foro di Traiano** e i **Mercati traianei** e fu eretta la celebre colonna trionfale che raccontava le imprese dell'imperatore: la **Colonna traiana**.

In Oriente Traiano sconfisse anche i Parti, facendo diventare il loro regno uno stato-vassallo di Roma; conquistò la Mesopotamia, che diventò provincia romana. Sotto la sua guida, l'Impero romano raggiunse la massima espansione. Tuttavia Traiano morì nel 117 d.C. dopo essere ritornato precipitosamente dalla Mesopotamia a causa delle ribellioni di gruppi ebraici.

7.3 Gli Antonini

Alla morte di Traiano gli succedette **Adriano**, un suo nipote. Adriano è ricordato per essere stato un imperatore illuminato, coltissimo, ma anche un ottimo amministratore dell'impero. Per eliminare spese eccessive, abbandonò innanzitutto la Mesopotamia appena conquistata da Traiano e si orientò, invece, verso le regioni del nord Europa, come la Britannia, dove fece costruire una fortificazione di 118 chilometri passata alla storia come **vallo di Adriano**. Fu il primo imperatore a occuparsi di migliorare il sistema di educazione scolastico, aprendo le porte della scuola anche ai cittadini meno ricchi, e promulgò alcune leggi che proteggevano gli schiavi dai padroni. Favorì la rinascita di Atene collaborando con l'amico e mecenate **Erode Attico**; a Roma fece ristrutturare il Pantheon e costruire la Mole di Adriano, oggi **Castel Sant'Angelo**. Fondò nuove città, molte delle quali chiamate **Adrianopoli** e favorì la diffusione della cultura greco-romana. A Gerusalemme fondò la colonia latina di Elia Capitolina, popolata dai veterani romani, che avevano anche il compito di domare e gestire le ribellioni dei popoli della Giudea.

Nel 138 d.C. Adriano morì e divenne imperatore **Antonino Pio**, adottato da Adriano e designato come erede. Con lui iniziò la dinastia degli Antonini. Antonino Pio seguì la politica del predecessore, consolidando la *pax romana* ed evitando spedizioni militari costose. Adottò due fratelli come eredi, **Marco Aurelio** e **Lucio Vero**, che governarono insieme fino alla morte di quest'ultimo, nel 169 d.C.. Marco Aurelio si ritrovò quindi unico imperatore.

Anch'egli era un uomo acculturato, grande conoscitore di filosofia, soprattutto della corrente dello **stoicismo**. Scrisse un'opera in greco intitolata *A sé stesso*, in cui riflette sul mondo e sugli uomini in modo profondamente pessimistico. Il regno di Marco Aurelio fu instabile da un punto di vista politico, perché sia i Germani sia i Parti iniziarono una serie di campagne militari volte alla riconquista dei territori e alla liberazione dal giogo di Roma. Il 164 d.C. è indicato dagli storici come l'inizio delle invasioni barbariche. Inoltre, nel 165 d.C. una terribile epidemia di **vaiolo** aveva colpito tutto l'Impero e ucciso milioni di persone, causando gravi problematiche nell'agricoltura, nei commerci e nell'artigianato. A causa della morte di tantissimi soldati, furono arruolati anche schiavi e gladiatori. Marco Aurelio combatté per anni al confine con il Reno e sconfisse i Germanici nel 175 d.C.; questi però si ribellarono quasi subito, così ricominciò una guerra che terminò solo nel 180 d.C. a causa della morte dell'imperatore, che mentre era a Vienna si ammalò di **peste** e morì. Con quest'avvenimento iniziò pian piano il declino dello Stato romano.

Fu il figlio **Commodo** a succedere a Marco Aurelio, a soli diciannove anni, anche se era già stato associato al trono dal 177 d.C. Commodo spezzò di netto la linea di governo pacifica dei suoi predecessori. Usò le risorse economiche dello Stato per pagare spettacoli e giochi, abbandonò totalmente le missioni militari ponendo fine alla guerra contro i Germanici. Nel 192 d.C. morì, ucciso da una congiura di palazzo. Con lui terminava la dinastia degli Antonini.

8. IL DECLINO DELL'IMPERO

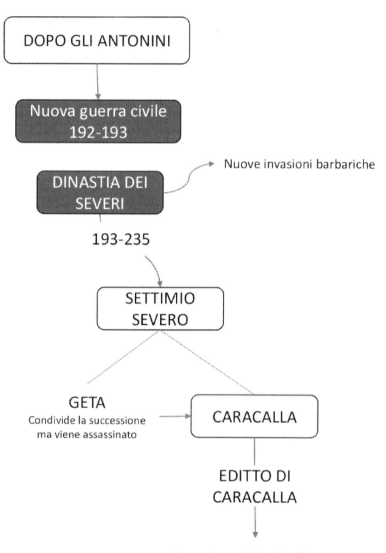

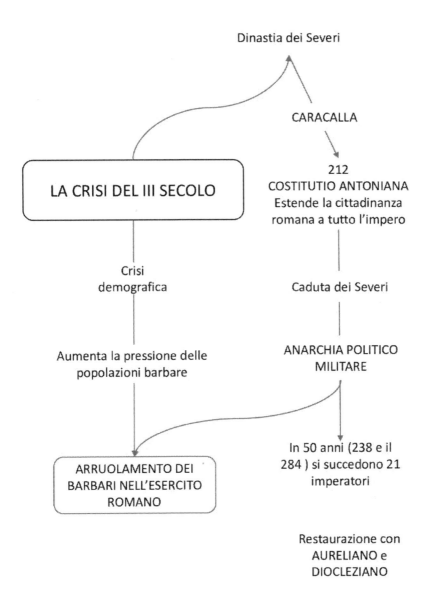

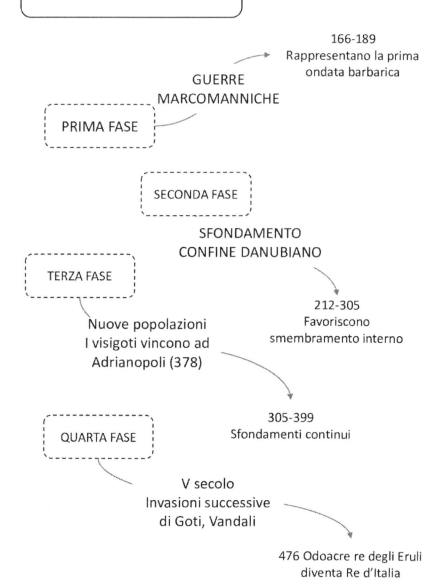

8. IL DECLINO DELL'IMPERO

8.1 Cultura, religione, economia e società nel II e III secolo.

Il secondo secolo viene considerato il "secolo d'oro" dell'Impero romano. Ciononostante vi si manifestarono alcuni segni di una crisi sociale ed economica, causata soprattutto dalle epidemie di vaiolo e di peste che avevano tolto le braccia all'agricoltura. Si era diffuso nuovamente il latifondo e le spese per mantenere l'esercito e i senatori, oltre che tutti gli altri organi statali, crescevano sempre di più. Il Senato fu costretto a incrementare le tasse, con conseguenti malumori popolari.

Durante il II e poi nel III secolo si fece sempre più ampio il divario tra campagna e città: in campagna lavorava la maggior parte della popolazione e restava molto arretrata da un punto di vista sociale e civile. Lo sfruttamento degli schiavi, gli strumenti di lavoro poco produttivi, i dialetti concorrevano a rendere la campagna un luogo ancora poco civilizzato. Si rafforzò inoltre il **colonato**, ovvero il sistema che costringeva i contadini liberi a lavorare, per tutta la vita, il terreno degli aristocratici. Le città contribuivano a impoverire la campagna, perché da questa i cittadini ricavavano nutrimento e soldati. Le legioni romane erano quasi tutte costituite da provinciali barbari o semi barbari.

Nel frattempo, la religione cristiana si era diffusa in tutto l'Impero. Inizialmente, i primi gruppi di cristiani erano organizzati in comunità, guidati dai **presbiteri**. Ogni comunità era sotto l'autorità di un **vescovo**, che veniva eletto dai fedeli e controllava la **diocesi**, ovvero territori di più comunità. Il Cristianesimo si manteneva grazie alle elemosine dei fedeli: con il denaro ricavato si provvedeva a presbiteri e vescovi, ad assistere poveri e malati e a riscattare i cristiani imprigionati. Di norma, i cristiani si rifiutavano di compiere sacrifici in onore dell'imperatore: tuttavia, tra il II e il III secolo furono costretti a farne, per non attirare l'ostilità delle autorità. Il Cristianesimo otteneva sempre più seguaci man mano che passava il tempo, soprattutto grazie al fatto che tanti del popolo non riuscivano a spiegarsi l'improvviso decadimento di Roma e cercavano così risposte più "profonde", rivolgendosi ai presbiteri, ricevendo il battesimo ed entrando nelle comunità cristiane.

8.2 La decadenza del terzo secolo

Le incursioni esterne, il brigantaggio, le pestilenze, lo spopolamento delle campagne, il calo demografico e le guerre civili causarono una serie di conseguenze ben pesanti per l'Impero di Roma, che vide anche una grave svalutazione della moneta, assistendo addirittura al ritorno del baratto. Con la morte di Commodo era finita la successione degli imperatori per "adozione" e fu nominato come imperatore **Elvio Pertinace**, prefetto di Roma, che però regnò solo tre mesi, perché la rigida disciplina politica volta al rinnovo del paese non fu ben vista e il principe fu assassinato dai pretoriani nel 193.

Le legioni sparse nelle province si ammutinarono e proclamarono due diversi generali come loro imperatori: in Pannonia fu scelto **Settimio Severo**, in Oriente **Pescennio Nigro**, in Occidente **Clodio Albino**. Dei tre, alla fine Settimio Severo riuscì ad avere la meglio e a diventare il nuovo imperatore, iniziando così la dinastia dei Severi.

8.3 I Severi

Settimio Severo si concentrò principalmente sul rinnovamento dell'esercito favorendo privilegi e donativi, cioè delle ricompense in denaro per i più fedeli; questo peggiorò ancora di più le condizioni finanziarie di Roma. Si svalutò fortemente la moneta, perché Severo diede l'ordine di diminuire la percentuale d'argento nelle monete, causando una perdita del potere d'acquisto del denaro e un aumento dell'inflazione. Oltre quella economica, anche la vita culturale di Roma cambiò, perché l'imperatore era imparentato con una famiglia sacerdotale siriaca che credeva nel culto delle divinità solari e provò a diffondere questo culto a Roma. Severo puntava ad agevolare non l'Italia, ma le province: la politica estera fu l'unica a risentirne beneficamente e fu anche riconquistata la Mesopotamia.

Settimio Severo alla fine morì durante una campagna militare in Britannia, nel 211. Al suo posto salirono i suoi due figli nel ruolo di co-imperatori: **Caracalla** e **Geta**, i quali, però, erano rivali. Geta fu assassinato e Caracalla restò unico imperatore. Egli tenne fede alla politica paterna, ma la condizione economica precaria lo costrinse ad aumentare le tasse, generando l'avversione dell'aristocrazia del Senato. Emanò un editto fondamentale, la **Constitutio Antoniana**, meglio conosciuto come **Editto di Caracalla**, con il quale concedeva la cittadinanza romana a tutti gli abitanti liberi dell'impero. Così i nuovi cittadini potevano godere dei diritti romani, inclusa la partecipazione alla vita politica, ma anche erano costretti a pagare le tasse. Nel 217 Caracalla fu assassinato per volontà del prefetto del pretorio **Opelio Macrino**, che si fece proclamare imperatore, ma durò pochi mesi appena, perché i militari lo uccisero e proclamarono imperatore il nipote di Caracalla, **Marco Aurelio Antonino**, detto **Eliogabalo**, che aveva solo 14 anni. Così Eliogabalo in realtà fu solo guidato dalle donne della famiglia imperiale: **Giulia Mesa**, la nonna, **Giulia Soema**, la madre e **Giulia Mamea**, la zia. L'intera famiglia era dedita ai riti orientali, così non fu vista di buon occhio, anche perché Eliogabalo vestiva in modo sgargiante ed esotico, chiamava a corte maghi e stranieri; la nonna Giulia Mesa decise quindi di farlo uccidere, praticare la *damnatio memoriae* e nominare imperatore un altro nipote, **Alessandro Severo**, nel 222.

Alessandro era figlio di Giulia Mamea e alla sua incoronazione non aveva che 13 anni. Così il potere fu ancora effettivamente esercitato dalla nonna e dalla madre, che però si mossero in modo da avere il Senato dalla loro parte, dando loro una buona parte dell'amministrazione romana, ma attirando così il malcontento dei militari. Alessandro era inoltre un pacifista, e così i soldati si ammutinarono e assassinarono lui e la madre durante una spedizione al confine settentrionale nel 235. Finisce così la dinastia dei Severi.

8.4 L'anarchia militare e le invasioni barbariche

Negli anni compresi tra il 238 e il 284 il titolo di Imperatore passa tra ben ventuno imperatori. La vita economica e civile di Roma ne esce devastata dai continui cambiamenti di rotta. Questo periodo è chiamato "periodo dell'anarchia militare" perché erano i reparti dell'esercito ad acclamare come imperatori i loro comandanti, che ingaggiavano guerre per prendere il potere.

Intanto nell'Impero aumentavano le tasse, si svalutava la moneta, la popolazione veniva colpita da epidemie di peste e una lunga carestia a causa della poca manodopera nei campi causata anche dall'arruolamento forzato dei contadini. A causa della mancanza di soldati, furono arruolate masse di mercenari di origini germaniche e iniziò così un primo processo di "infiltrazione" dei barbari nelle legioni romane. Così alle frontiere settentrionali, sul Reno e sul Danubio, iniziarono a premere i Germani nel tentativo di invadere il territorio italico, spinti anche dalle migrazioni di altre popolazioni come i Goti. Alcune regioni dell'impero riescono a rendersi autonome approfittando della fragile situazione politica e creano a Occidente l'impero delle Gallie, e a oriente il regno di Palmira, in Siria.

La ricostruzione dell'impero toccò ad **Aureliano**, imperatore dal 270 al 275, che riuscì a riunire l'impero e ad annientare i regni di Gallie e Palmira. Inoltre, per difendere Roma dai barbari che si avvicinavano sempre di più, aveva fatto costruire nel 271 le **mura aureliane**. Nel frattempo, ad Alessandria d'Egitto era stata distrutta da un terribile incendio la celebre e meravigliosa biblioteca, finendo per eliminare una buona parte della cultura ellenistica. Aureliano introdusse a Roma il **culto del sole**, **Mitra** e fece costruire un tempio dedicato alla divinità, il tempio del *Sol invictus*. Fu infine ucciso in una congiura nel 275. Dopo un breve periodo di successioni passate di mano in mano, alla fine nel 284 fu proclamato imperatore **Diocleziano**.

9. LA DIVISIONE TRA ORIENTE E OCCIDENTE

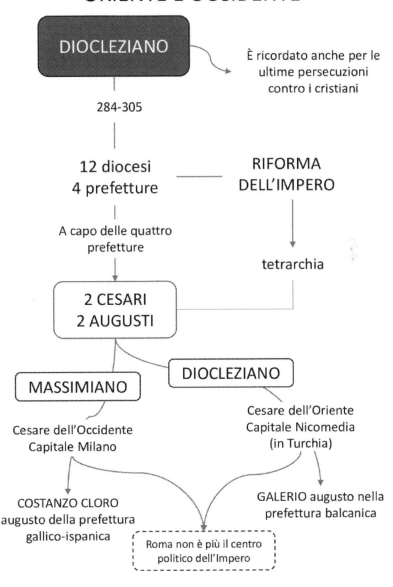

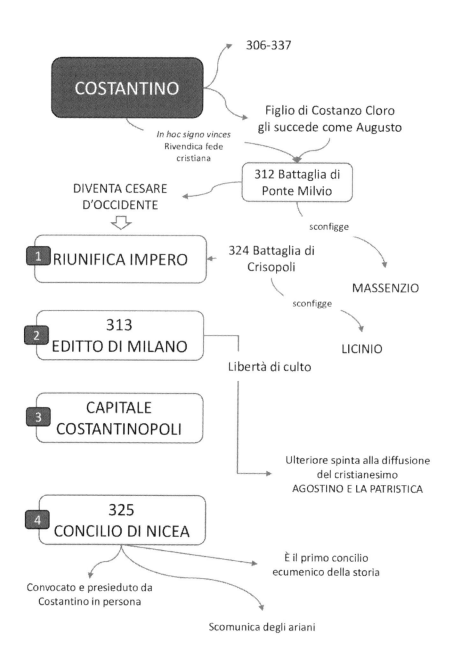

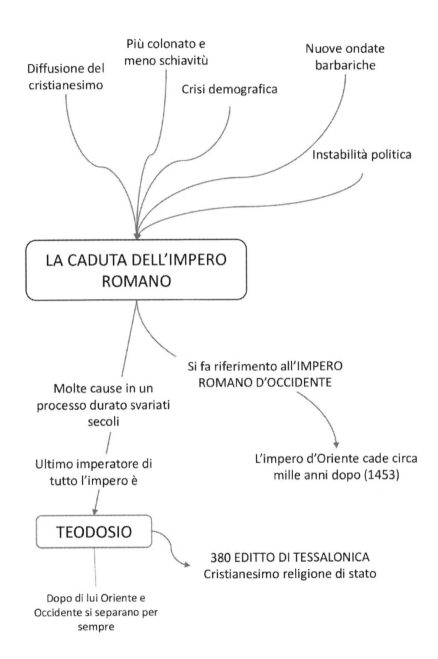

9. LA DIVISIONE TRA ORIENTE E OCCIDENTE

9.1 Le riforme di Diocleziano

Diocleziano cercò di governare in un regime di monarchia assoluta, approfittando dell'indebolimento del Senato. Divenne il *dominus* dell'impero e potette così promulgare le leggi senza dover avere l'approvazione di altri. L'imperatore fece una serie di riforme, partendo innanzitutto da uno stravolgimento dell'esercito. Diminuì il numero di soldati per legione, ma aumentò il numero di legioni, così da avere più controllo sulle masse dei soldati. L'esercito fu diviso in *limitanei* (che dovevano accamparsi presso il *limes*, il confine) e in *comitatus*, ovvero le truppe da combattimento che restavano nelle retrovie. L'efficienza dell'esercito romano aumentò, ma comportò anche un aumento delle spese, perché il nuovo esercito contava ben 600.000 uomini.

Nel 293 Diocleziano avviò una riforma che previde la divisione dello Stato in 12 diocesi, ognuna composta da più province. Le diocesi erano poi raggruppate in 4 macro-regioni dette **prefetture**: due erano comandate dai **cesari**, le altre due dagli **augusti**, quest'ultimi più importanti e potenti dei cesari. Diocleziano divenne augusto nella prefettura orientale con capitale Nicomedia, e scelse il generale **Massimiano** come altro augusto della prefettura italico-africana con capitale Milano. Furono nominati come cesari **Galerio** per la prefettura balcanica con capitale Sirmio e **Costanzo Cloro** per la prefettura gallico-ispanica con capitale Treviri. Il governo fu chiamato **tetrarchia**, ovvero "governo dei quattro", ognuno con lo stesso potere (benché Diocleziano avesse autorità suprema). La tetrarchia serviva a evitare nuove lotte, perché alla morte di un augusto il rispettivo cesare gli sarebbe subentrato e avrebbe nominato a sua volta un nuovo cesare.

Diocleziano attua anche una riforma fiscale, prevedendo, in situazioni straordinarie e difficili, ulteriori tributi o addirittura confische di territori e beni. Ogni provincia fu divisa in quantità di terre coltivabili dette *iugum*, che dovevano corrispondere ognuna a un cittadino da tassare chiamato *caput*, da qui il nome *iugatio-capitatio* con cui ci si riferiva al sistema di tassazione. Diocleziano impedì anche che il contadino abbandonasse il terreno, così come un artigiano non poteva abbandonare la propria professione, che in questo modo diventò ereditaria. La *iugatio-capitatio* tuttavia aggravò la situazione economica dell'impero, perché il prezzo dei prodotti aumentava di continuo; così Diocleziano emanò l'*edictum de pretiis* nel 301 con cui imponeva un calmiere sui prodotti. Le merci con i prezzi fissi, però, finirono per scomparire dal mercato legale e comparire solo in quello di contrabbando, con prezzi ancora più alti.

Diocleziano fu anche il promotore delle ultime persecuzioni contro i cristiani, considerati una minaccia, avviando una serie di editti tra il 303 e il 304 con cui imponeva la distruzione delle chiese, l'esclusione dei cristiani dai ruoli pubblici e il divieto di celebrare riti. Anche i libri sacri del cristianesimo furono sequestrati e distrutti, e moltissimi cristiani furono arrestati e condannati a morte. Alla fine Galerio, che diventò augusto, emanò un editto nel 311 per fermare queste persecuzioni anti-cristiane e iniziare una politica di tolleranza, che avrebbe portato poi al totale ribaltamento della situazione cristiana all'incoronazione di **Costantino**.

9.2 Costantino e il cristianesimo di Stato

La tetrarchia non durò a lungo. Nel 305 Diocleziano e Massimiano abdicarono, così Galerio e Costanzo Cloro divennero augusti e nominarono come cesari Massimino Daia e Severo. Nel 306 Costanzo Cloro morì, ma i soldati nominarono come successore **Costantino**, il figlio di Costanzo, scavalcando il legittimo erede Severo. Nel mentre a Roma **Massenzio**, figlio di Massimiano, si era fatto eleggere augusto dai pretoriani. Nel 312 Costantino e Massenzio si affrontarono a Roma nella celebre **battaglia di Ponte Milvio**: ne uscì vincitore Costantino che divenne ufficialmente imperatore della parte occidentale del regno, mentre quella orientale finì nelle mani di **Licinio**, un fedele comandante di Diocleziano. Inizialmente i due rimasero in buoni rapporti, salvo che nel 324 Costantino sconfisse Licinio a Crisopoli e ottenne il controllo di tutto l'Impero.

La più grande svolta sotto Costantino avvenne dal profilo religioso. Nel 313 Costantino e Licinio, riunitisi a Milano, emanarono un editto (ricordato poi come **editto di Milano**) in cui concedevano la **libertà di culto** ai cristiani e ridava loro chiese ed edifici confiscati da Diocleziano. Così i cristiani iniziarono a occupare anche cariche politiche e ad avere un importante potere economico e sociale.

Il vero cambiamento però arrivò nel 325 durante il **concilio di Nicea**, primo concilio ecumenico della storia, inaugurato da Costantino. In quell'occasione fu scomunicato Ario e la sua dottrina dell'arianesimo, giudicato come eretico e quindi sconfessato. I barbari, per lo più ariani, iniziarono a convertirsi al cristianesimo.

Da un punto di vista politico, Costantino fondò una nuova capitale imperiale nel 330. Questo gesto comportò tantissime conseguenze: nasceva infatti **Nuova Roma**, poi ribattezzata **Costantinopoli**, sulle rovine di quella che era stata la città greca di **Bisanzio** (Istanbul). Costantinopoli ebbe una vita lunghissima, e cadde solo nel 1453, conquistata dai turchi. Alla fine l'imperatore morì nel 337 e le sue riforme mantennero una situazione a Roma piuttosto tranquilla per circa 60 anni.

9.3 Organizzazione e diffusione del cristianesimo

Tra il III e il IV secolo i cristiani sono sempre più numerosi e capaci di far convertire nuovi seguaci. A differenza dei pagani, che consideravano i barbari il vero motivo della decadenza di Roma, i cristiani vedevano in queste nuove popolazioni la possibilità di avviare una nuova civiltà cristiana che potesse sostituire il mondo pagano. **Agostino d'Ippona** affermava che la "città di Dio" stava sostituendo la "città degli uomini". Il Cristianesimo si diffuse rapidamente tra le popolazioni barbariche, grazie ai missionari cristiani che già dalla metà del IV secolo si erano recati oltre il confine settentrionale dell'impero e avevano convertito molte tribù germaniche. Cambiò profondamente anche il rapporto con la cultura pagana, verso la quale rispetto al rifiuto iniziale si inserisce un tentativo di recupero delle opere e degli autori classici.

10. LA CADUTA DELL'IMPERO ROMANO D'OCCIDENTE

Dopo Teodosio

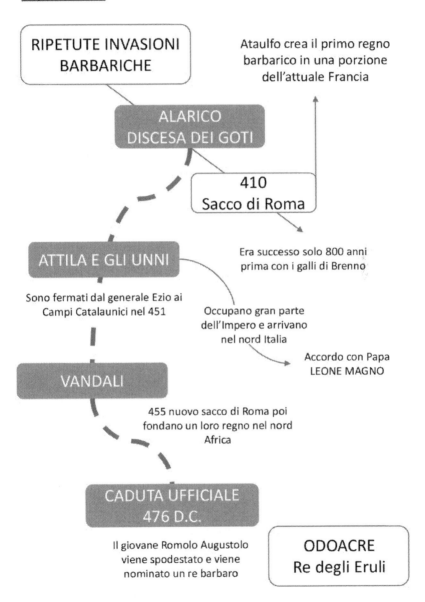

10. LA CADUTA DELL'IMPERO ROMANO D'OCCIDENTE

10.1 Da Costantino a Teodosio

Alla morte di Costantino viene eletto come imperatore **Giuliano**, un suo nipote. Era stato prima nominato cesare delle Gallie nel 355, ma dopo la vittoria contro gli Alamanni a Strasburgo nel 357 viene acclamato dai soldati come imperatore. Giuliano cerca di annullare la politica di tolleranza per i cristiani che aveva portato avanti il suo predecessore, ripudiando il cristianesimo e per questo fu chiamato "Apostata", ovvero "colui che rinnega la propria fede". Il regno di Giuliano durò poco, solo due anni, dal 361 al 363, durante i quali cercò di restaurare il paganesimo. Alla sua morte però i successori aboliscono le sue leggi, lasciando invariate quelle di Costantino.

Alla morte di Giuliano la situazione politica dell'Impero risulta essere critica. Nel 378 in Tracia, ad Adrianopoli, i **Visigoti**, una popolazione barbara, riescono ad annientare l'esercito romano e a occupare la città. Il generale **Teodosio** viene eletto imperatore di Costantinopoli e cerca di trovare un accordo con i barbari, nel tentativo di evitare lunghe e dispendiose guerre. Nel 380 Teodosio emana l'editto fondamentale: l'**editto di Tessalonica**, con il quale rifiuta tutti i culti pagani e riconosce il cristianesimo, a cui ormai la maggior parte dei barbari si era convertita, come unica religione dell'Impero.

10.2 Visigoti, Goti e il sacco di Roma

Teodosio fu l'ultimo imperatore a controllare l'intero territorio dell'Impero. Alla sua morte, avvenuta nel 395, l'Impero fu diviso tra i figli **Arcadio** e **Onorio**, rispettivamente di 18 e 10 anni.

Onorio, ancora bambino, non poteva realmente governare, per cui il potere era nelle mani di **Stilicone**, un guerriero della tribù dei **Vandali** che era diventato comandante dell'esercito e aveva sposato la figlia di Teodosio, diventando tutore di Onorio. La capitale fu spostata da Milano a **Ravenna**, perché considerata meglio difendibile, e Stilicone iniziò una battaglia per respingere i **Goti** e i **Visigoti**. Alla fine il **re visigoto Alarico** riuscì a entrare in Italia, e fu in prima battuta sconfitto da Stilicone nel 402. Tuttavia, alla fine Stilicone decise di inglobare le popolazioni barbariche per evitare altri scontri, che avvennero comunque contro gli **Ostrogoti**, battuti a Fiesole nel 406 dallo stesso Stilicone, nella sua ultima battaglia.

Stilicone non era visto di buon occhio per la sua apertura con i barbari, per cui gli aristocratici suggerirono a Onorio, nel frattempo cresciuto, di liberarsene. Onorio lo condannò a morte nel 408, ma così facendo la politica di pace tra barbari e romani si spezzò e i Goti abbandonarono l'esercito. Così Alarico tornò in Italia e avviò il **sacco di Roma** del 410. Alarico morì poco dopo e il suo successore **Ataulfo** fondò in Gallia sud-occidentale il **primo regno barbarico**, sposando **Galla Placidia**, sorella dell'imperatore Onorio.

10.3 Gli Unni di Attila

All'occidente dell'Impero altre tribù germaniche, nel frattempo, si erano stanziate e organizzate. I Visigoti erano guidati dal re Ganserico e nel 429 conquistarono Cartagine, allestendo anche una flotta. Intanto, l'impero veniva minacciato da un altro pericolo, gli **Unni**.

Gli Unni, guidati dal re Attila, assalgono la Gallia e vengono inizialmente sconfitti da Ezio, comandante dell'esercito romano, ai Campi Catalaunici nel 451. I barbari si ritirano nei loro territori, ma passato un anno a rafforzarsi invadono di nuovo l'Italia e Attila conquista Milano, osteggiato solo dal papa cristiano Leone I, il primo Patriarca d'Occidente eletto nel 450 dall'imperatore Teodosio II. Attila aveva nel frattempo preso Padova, Verona, Brescia, distrutto Aquileia: per sfuggire alla sua furia terribile, le popolazioni del Veneto si rifugiarono nella laguna, costruendo dei villaggi su palafitte che diventarono poi la grande città di Venezia. Leone I riuscì a trovare un accordo con Attila sul fiume Mincio, a Mantova. Poco dopo Attila morì, colpito dalla pesta, nel 453, e il suo regno terminò.

A Ravenna intanto era salito al trono l'imperatore **Valentiniano III**, figlio di Galla Placidia. Valentiniano era un uomo acerbo e collerico e finì per uccidere il comandante Ezio nel 454 dopo un litigio. L'anno dopo, Valentiniano fu assassinato e la dinastia di Teodosio si estinse. Nel 455 i Vandali di Genserico assalirono Roma e la devastarono. Ancora una volta, solo Leone I riuscì ad affrontare il re barbaro, patteggiando il saccheggio di Roma ma non la sua distruzione. Così i Vandali si arricchirono del bottino romano e andarono via, ma la nave carica di tesori naufragò durante il viaggio di ritorno verso l'Africa.

10.4 La caduta dell'Impero

Il potere romano passò, negli anni successivi, a diversi imperatori tutelati dal comandante **Ricimero**. Tuttavia nessuno di loro riuscì a evitare la caduta dell'Impero romano d'Occidente, che ormai era totalmente a secco di risorse militari, politiche ed economiche. Alla fine il potere andò a un romano che aveva simpatizzato con Attila, **Oreste**. Egli acclamare suo figlio **Romolo** come imperatore nel 475: Romolo fu conosciuto come **Augustolo**, visto che era molto giovane, ma il suo regno durò solo fino all'anno successivo, quando le milizie barbariche si rivoltarono contro l'imperatore ed elessero come loro capo **Odoacre**, il re degli Eruli. Romolo Augustolo fu deposto e mandato in Campania con una sorta di pagamento fisso. Odoacre però non prese il titolo di imperatore, ma quello di **patrizio**, concordando con **Zenone**, l'imperatore di Oriente, di governare al suo posto in Italia.

Cadde quindi ufficialmente l'Impero romano d'Occidente nel 476, anche se da molti decenni ormai le strutture statali non esistevano più e il territorio era frammentato, assoggettato alle tribù barbariche. Da quel momento non ci furono più imperatori, fino all'800, quando **Carlo Magno** fu incoronato imperatore del **Sacro Romano Impero**.

LE MAPPE
DI PIERRE

LE MAPPE DI PIERRE è un progetto autoriale *indie*, nato per offrire un supporto un po' diverso allo studio. I testi che proponiamo seguono il programma ministeriale e si caratterizzano per l'utilizzo preferenziale di **schemi o mappe concettuali** costruiti specificamente per supportare la didattica e l'apprendimento scolastico.

Potrebbero interessarti anche questi testi della nostra collana:

LE GRANDI LETTURE PER LE VACANZE (E NON SOLO)

I GRANDI CICLI DELLA LETTERATURA ITALIANA

DOVE TROVARE I LIBRI?

I testi sono stampati e distribuiti direttamente da Amazon (cliccando sulle copertine vi si può accedere direttamente) e possono essere acquistati con il bonus docenti e con il bonus cultura. Ogni testo è disponibile anche in versione *ebook*.

Cerchi altri libri o hai consigli e suggerimenti?

Se vuoi contattarci ci trovi qui:

https://www.facebook.com/LeMappediPierre

https://www.instagram.com/lemappedipierre/

https://lemappedipierre.wordpress.com/

Printed by Amazon Italia Logistica S.r.l.
Torrazza Piemonte (TO), Italy